BASTEI
LÜBBE

Über den Autor:

Harald Braun lebt nach siebzehnjähriger Fron als fest angestellter Redakteur diverser Magazine nun als Buchautor sowie Reise- und Kulturjournalist in Horst bei Hamburg. Er schreibt Sachbücher für Männer und Frauen, steht spät auf, spielt viel Fußball, sitzt in der verbleibenden Zeit im Garten und grinst.

HARALD BRAUN

FALSCH VERBUNDEN

Die große Liebe: Vom ersten Date bis zum letzten Telefongespräch

BASTEI LÜBBE

BASTEI LÜBBE TASCHENBUCH
Band 60570

1. Auflage: August 2006

Vollständige Taschenbuchausgabe der im Ehrenwirth Verlag
erschienenen Hardcoverausgabe

Bastei Lübbe Taschenbücher und Ehrenwirth Verlag
in der Verlagsgruppe Lübbe

Umschlaggestaltung: Bianca Sebastian
Titelfoto: © getty-images, Judith Haenster
Satz: Bosbach Kommunikation & Design GmbH, Köln
Druck und Verarbeitung: GGP Media GmbH, Pößneck
Printed in Germany
ISBN 10: 3-404-60570-5
ISBN 13: 978-3-404-60570-5 ab 01.01.2007

Sie finden uns im Internet unter
www.luebbe.de

Der Preis dieses Bandes versteht sich einschließlich
der gesetzlichen Mehrwertsteuer.

Gewidmet
Silvia, Hildegard, Gabriele.
Besser ging's nicht.

Inhalt

So tauchen Menschen vor uns auf und wir vor Menschen aus dem Dunkel der nächtlichen Meere, erblicken einander aus plötzlicher Nähe, schon wissend, es ist nur ein Vorüberziehen wie Wolken über dem Mond. Bald werden die Konturen unklar, verschwimmen im Dunst des Vergessens, und vor uns liegt wieder die Leere, die Wellen des gleichmäßigen Immerwiedernichts. Die Schönheit bunter Seifenblasen. Die Positionslichter unseres Aussehens, unserer Ansichten, Gefühle, Vorurteile sind blinkend aufgesteckt, damit wir uns nicht rammen, uns nicht zu Grunde richten. Die Nebelhörner unserer Stimmen geben uns Nachricht und Warnung zugleich. Und gleiten wir nicht manchmal so dicht aneinander vorbei, dass wir glauben, über die Reling greifen zu können? Ein flüchtiges Streifen der Hände, ein zärtliches, leises Wort. Und schon vorbei, verweht. Nie wieder.«

Klaus Modick: »Privatvorstellung«, in: Liebesgeschichten

»Ich kenne eine Menge Leute, die nicht erwartet hätten, dass unsere Beziehung hält – dennoch feiern wir heute unser zweimonatiges Jubiläum.«

Britt Eklund

Am Anfang war der Single

Trostlose Betrachtungen aus der Welt der Alleinschläfer

»Ich bin ein allein stehender heterosexueller Milliardär in Manhattan. Ist das nicht ein Traum?«

Michael Bloomberg, Bürgermeister von New York

Nehmen Sie ein beliebiges Wochenende. Für den Großteil der Menschheit eine angenehme Einrichtung, bei der man nicht von einem Wecker, sondern von seinem natürlichen Biorhythmus dominiert wird. Etwa 60 Stunden, die erfüllt sind von allerlei Möglichkeiten, sich ungesunde Nahrungsmittel einzuverleiben oder den Postulaten der Fitnessgesellschaft zu gehorchen. Ambitionierte Zeitgenossen gehen ins Kino oder ins Theater, andere genießen das »Sportwochenende« im Fernsehen und goutieren willenlos Tennis, Fußball und Wildwasserbob in harmonischem Einklang mit dem regelmäßigen Griff in eine bereitgestellte Chips-Tüte. Wieder andere pflegen Freundschaften, was heißt, dass sie entweder »gemeinsam kochen« und sich dabei dummes Zeug erzählen oder »schön essen gehen« und sich dabei dummes Zeug erzählen. Der Unterschied: Variante zwei ist teurer, simuliert aber die erfolgreiche Teilnahme am gesellschaftlichen Leben.

Und jetzt unterhalten Sie sich mal mit einem durchschnittlichen »Single« aus Ihrem Freundeskreis an einem Freitagnachmittag. Aber Vorsicht: Singles sind nicht zwangsläufig *alle* Menschen, die gerade keinen Partner haben. Es gibt ja auch diese beneidenswerten Vertreter, die ganz zufrieden und ausgeglichen damit leben, nur sich selbst und den eigenen Bedürfnissen verpflichtet zu sein. Das sind vermutlich die Leute, die schon mal von Horst P. Opaschowski gehört haben, dem Leiter des BAT-Forschungsinstituts in Hamburg: »Das Klischee vom Single als Trendsetter stimmt weit gehend mit der Wirklichkeit von heute überein. Singles können sich Bedürfnisse erfüllen, von denen Familien nur träumen. Sie konsumieren mehr als der Durchschnittsbürger und genießen alle Freiheit der Welt. Während Mutti und Papa noch für das Reihenhaus sparen, haben sie längst in eine Altbauwohnung in der City investiert. Sie müssen auf niemanden Rücksicht nehmen. Ob Urlaubsziel, Brotaufstrich oder Temperatur im Schlafzimmer – der Ungepaarte kann allein entscheiden. Und während Pärchen an der Beziehung basteln, bauen Singles an der Karriere. Zeit genug haben sie ja.«

Ich weiß nicht so recht – die Singles in meinem Bekanntenkreis würden das so nicht unterschreiben... Nein, der Single, den ich meine, lässt sich von einem Kerl, der Opaschowski heißt, sicher nichts über die eigene Befindlichkeit erzählen. Er lässt sich auch nicht in eine noch so schmeichelhafte soziologische Kategorie einordnen. Der Single, den ich kenne, leidet unter seiner Existenz. Er (und gern auch sie) befindet sich mental irgendwie *zwischen* zwei Beziehungen, in einem emotionalen Fegefeuer sozusagen. Er empfindet seine Situation als schwer wiegenden Makel und definiert sich ausschließlich über das Nichtvorhandensein eines potenziellen Ernährers, Beischläfers und Familiengründers.

Nehmen Sie meine Freundin Bine. Nicht grundsätzlich eine optische Beleidigung für die Welt, auch wenn sie in ihren unbegleiteten Phasen immer ein wenig grau wirkt – so als sei sie beim Kirchentag zur Essensausgabe eingeteilt. Es gibt keinen Grund, dass sie am Leben verzweifeln müsste – sie kennt eine Menge amüsanter Geschichten, sie liest Bücher, sieht sich Filme an, in der Öffentlichkeit deutet niemand mit dem Finger auf die Frau. Alles in Ordnung mit ihr, so prinzipiell. Ich mag Bine gern, denn sie kann einen in den Arm nehmen, dass einem die Luft wegbleibt, und was ein Luftkuss ist, weiß sie bis heute nicht. Aber ich vermeide es möglichst, Bine an Freitagnachmittagen über den Weg zu laufen oder mit ihr zu telefonieren. Wenn sie mich doch einmal erwischt, kostet mich das nämlich eine Menge Zeit – und sie erfahrungsgemäß eine Fuhre Papiertaschentücher. Bine fürchtet das Wochenende wie der Teufel das Weihwasser, und damit steht sie nicht allein: Singles haben ja bekanntlich einen Begriff für dieses Gefühl entwickelt, der im Verständnis des Normalsterblichen einen Widerspruch ins sich birgt: die *Wochenenddepression*.

Bine wird mir nun, da sie mich doch einmal erreicht hat, ausführlich erklären, wie sie ihre Wochenddepression diesmal vermeidet: Sie wird 16 unterschiedlichste Personen ihres sozialen Dunstkreises zum Brunch einladen, wird sich zu Fencheltee und »Happy-Hour«-

Cocktails verabreden, wird Vernissagen, Lesungen und Theaterpremieren in ihrem Palm-Planer markieren und will darüber hinaus Stadtteilfeste und Lauftreffs, Dia-Vorträge und Schnorchelkurse in ihren – ansonsten natürlich ganz relaxten – Tagesablauf integrieren. Das alles zählt sie auf mit der sich überschlagenden Atemlosigkeit der insgeheim Verzweifelten, die sich offiziell über ihre Freiheit und Unabhängigkeit freut. Doch ich achte auf die Zwischentöne, was mich nicht einmal zu einem besonders sensiblen Zuhörer macht. Dazu sind sie einfach zu schrill. Ihr hyperaktiver Ansatz mag ja ambitioniert sein, doch Bine fehlt der rechte Glaube an die eigene Strategie. Eigentlich will sie nichts anderes, als zwei Tage auf dem Sofa liegen, Liebesfilme mit Tom Hanks anschauen und dabei Vanilleplätzchen essen. Nur eben nicht allein. Und nun spürt sie, dass sich ihr alternativer Terminplan nicht mit ihrem natürlichen Ruhebedürfnis nach einer anstrengenden Arbeitswoche vereinbaren lässt. So wirkt sie bei all der verordneten Energie schon am frühen Freitagnachmittag irgendwie niedergeschlagen. Mit dem Ergebnis, dass sie an vier von fünf Wochenenden bereits den ersten »Termin« am Freitagabend absagt und, wütend auf sich selbst, für die nächsten drei Tage in eine katatonische Sozialstarre verfällt. *Ich* werde das erst am Montag erfahren, wenn alles zu spät ist und sich Bine drei Tage lang ausschließlich mit der Fernbedienung ihres TV-Geräts und dem Spiegel im Badezimmer gestritten hat. Obwohl, nein, das stimmt ja so auch nicht: Irgendwann am Sonntagnachmittag ruft immer Bines Mutter an, erkundigt sich nach dem Wohlergehen ihrer Brut und bittet dann mitleidig zum Essen für den Sonntagabend. Das ist der Tiefpunkt.

Aber selbst, wenn sich unser Mustersingle tatsächlich aufraffen sollte und sein Programm pflichtergeben abspult wie der bayrische Ministerpräsident seine Wies'n-Auftritte – es gibt da doch noch einen kleinen, feinen Unterschied... Der rundum beseelte, weil offiziell liierte Zeitgenosse wird drei Wochenenden hintereinander allein in Museen herumhüpfen oder alle Filme mit Meg Ryan im Fernsehen anschauen können, ohne auch nur *ein Mal* auf die Idee zu kommen, dass in seinem Leben irgendwas falsch laufen könnte. Sein Partner/seine Partnerin hat halt gerade mal andere Pläne, no big deal. Im Gegenteil – endlich mal ein bisschen Zeit für sich selbst! Der Single hingegen, selbst der disziplinierteste Vertreter seiner Gattung, der weiß, dass er sich gerade in dieser kritischen Phase der sozial-gesellschaftlichen Diaspora auf keinen Fall hängen lassen darf, fragt sich beständig: Was ist bloß los mit mir, dass ich so ein beschissenes Leben führe? So aktiv, so ambitioniert, so... *allein*?

Es ist diesen Menschen einfach nicht beizubringen – und genau das versucht auch das vorliegende Kapitel in diesem Buch vermutlich vergebens –, dass es kein Problem sein muss, Single zu sein. Gar nicht. Sondern, im Gegenteil: eine Gnade. Eine moderne, selbst bestimmte, potenziell glücklich machende Lebensform. Ein Privileg. Man muss nur mal den Mut haben, es so zu sehen.

Ich erspare Ihnen hier den Sermon von der inneren Einstellung, auf die es ja immer ankommen soll, und dem Jürgen-Fliege-Palaver vom gesellschaftlichen

Druck, der indirekt suggeriert, nur der ständig begleitete Mensch sei ein vollwertiges Mitglied dieser, unserer Leistungsgesellschaft (das am besten auch gleich noch ein paar Kinder zu derselben beisteuern sollte; Stichwort: Rente!). Das Ganze führt geradewegs in eine Diskussion über die Ziele und Auswirkungen der Evolution, also zu weit, oder direkt in die Hitparade der Volksmusik. Beides inakzeptable Möglichkeiten.

Stattdessen zäumen wir das Pferd mal von einer ganz anderen Seite auf. Und fragen: Was zum Teufel ist so schlimm daran, ein Single zu sein? Sie wissen schon, diese Situationen, die ihre unbegleiteten Freunde am Montagmorgen mit spürbarem Schauder in der Stimme zum Besten geben, so in der Art »... dann stand ich in der Schlange vor dem Kino und um mich herum nur Pärchen mit glänzenden Augen«.

Hier nun die herzergreifendsten Qualen eines sensiblen Singles.

1. *Im Restaurant bekomme ich allein nur den miesesten Platz, und der Kellner behandelt mich, als hätte ich alle nässenden Hautkrankheiten nach Europa eingeschleppt.*

Im Restaurant kriegen Sie nur den miesesten Platz, wenn Sie es nicht anders verdienen. Nähern Sie sich einem schlecht bezahlten und meist ebenso gelaunten Kneipenbüttel bereits buckelnd und in Gram gebeugt, werden Sie sich tatsächlich nur zwischen dem Blick auf den Lokus oder die Klapptür der Küche entscheiden dürfen. Falls Sie aber selbstbewusst auf einen optimal platzierten Tisch zusteuern und den Kellner bereits eingangs mit der Frage nach den edleren Weinempfehlungen des Hauses in Verlegenheit bringen, wird Ihnen für die nächste Stunde der widerwillige Respekt der gastronomischen Fachkraft sicher sein.

Studieren Sie in Ruhe die Speisenkarte, und freuen Sie sich still darüber, dass Ihr veganer Expartner Sie nun nicht mehr daran erinnern kann, dass er Fleischverzehr im Umkreis von fünf Quadratmetern nur schwer erträglich findet. Sie wählen ein besonders ungesundes, kalorienreiches Essen, weil Ihnen danach ist, und bestellen einen Sherry dazu. Dann schauen Sie in die Runde und bemerken, dass die meisten der kauenden Paare in diesem Restaurant offenbar einem Schweigeorden angehören, was nicht unbedingt mit Essmanieren zu tun haben muss. Die Atmosphäre erinnert an das gemeinsame Mahl auf einem Proktologenkongress oder einer ähnlich freudlosen Veranstaltung. Man käme nicht auf die Idee, dass die meisten Menschen in diesem Raum freiwillig miteinander am Tisch sitzen. Beobachten Sie jedes der versammelten Paare einige Zeit, und beantworten Sie sich nun ganz ehrlich eine Frage: Mit welchem der Paare möchten Sie gern tauschen, mit wem am Tisch sitzen? Lachen Sie *jetzt* still in sich hinein, und greifen Sie nach dem amüsanten Roman, den Sie mitgebracht haben und der Ihnen die Zeit bis zu ihrem vorzüglichen Essen angenehm und kultiviert verkürzt. (Von wie vielen Tischgesprächen mit Ihren Partnern in den letzten zehn Jahren können Sie das schon behaupten?)

2. *Ich gehe am Sonntagnachmittag am heimischen Gewässer spazieren, und mir begegnen nur glückliche Paare mit Golden Retrievern.*

Der Sonntagsspaziergang also ... Sind Sie noch ganz bei Trost? Sie *wollten* doch nie spazieren gehen am Sonntagnachmittag, schon vergessen? Warum müssen Sie ausgerechnet jetzt damit anfangen, wo kein (Ex-)Partner mehr mit dem Wunsch nach etwas frischer Luft und Bewegung nervt ... Bleiben Sie zu Hause, gehen Sie – wie früher – ins Museum, oder schauen Sie das Duell der Schumacher-Brüder im DSF an, aber vergessen Sie den klassischen Sonntagnachmittag-Kompromiss. Sie *müssen* das nicht mehr tun ... Und was die Töle angeht: So ein Golden Retriever futtert ganz schön was weg, unter anderem auch sündhaft teure Lederslipper von Prada oder Pantoffeln aus Fleece. Tierärzte sind teurer, als man glaubt, Zellophanbeutelchen für seine Häufchen endeklig und »nasser Hund« gehört meines Wissens auch nicht zu den beliebtesten Duftnoten in einem Haushalt, in dem sich beim Einzug noch ein Fengshui-Spezialist verwirklichen durfte. Außerdem: Wollen Sie wirklich jeden Morgen um sechs Uhr vor die Türe?

3. *Meine Mutter hat hinter meinem Rücken eine Kontaktanzeige im Internet geschaltet und wünscht sich zum Geburtstag, dass ich eine Fisch-sucht-Fahrrad-Party besuche!*

Wenn Sie glauben, Sie wüssten, was ein großer Spaß mit anschließender Beischlafberechtigung ist, dann müssen Sie schon mal auf einer Fisch-sucht-Fahrrad-Party gewesen sein. Kein Spruch zu blöde, kein Outfit zu peinlich – irgendwas geht immer an solch einem Abend, an dem wild wirbelnde Hormonschleudern beiderlei Geschlechts ohne irgendwelche Alibis aufeinander losgelassen werden. Das vereinfacht den Austausch von verbalen Botschaften und Körperflüssigkeiten ungemein, was auch für die Kontaktseiten des Internets gilt. Jeder sexuelle aktive Mensch findet hier eine bunte Auswahl an erotischen Spielarten, und es ist überhaupt nicht kompliziert, ein passendes Gegenüber für die eigenen Bedürfnisse ausfindig zu machen. Nur Single sollte man schon sein, um den Spaß wirklich genießen zu können, andernfalls drohen moralinsaure Standortdiskussionen oder eine Menge gemeiner Lügen ... In jedem Falle aber: Danke, Mama!

4. *Ich muss allein in Urlaub fahren!*

Sie *müssen* allein in Urlaub fahren? Was heißt müssen? Freuen Sie sich doch. Es gibt im Vorfeld keinen Stress mit dem Urlaubsziel und am Urlaubsort keinen Streit über das tägliche Programm. Sightseeing oder Beaching – alles Ihre Entscheidung, ob, wann und wie oft. Reiseveranstalter haben dem erhöhten Singleaufkommen inzwischen Rechnung getragen und bieten immer mehr ambitionierte Reisen für Alleinstehende an, manchmal augenzwinkernd: »Abends an der Bar sind auch die alkoholischen Getränke inklusive!« Wer also nicht allein bleiben will, muss das auch nicht, sofern er nicht mit den Umgangsformen von Rübezahl oder dem Liebreiz von Danny de Vito gestraft ist. In diesem Zusammenhang ist vielleicht noch eine Untersuchung des G.R.P.-Instituts für rationelle Psychologie erwähnenswert, die sich mit den sexuellen Urlaubserwartungen und Wünschen der Bundesdeutschen auseinander gesetzt hat. Demnach würden 89 von 100 Frauen und 93 von 100 Männern den Satz unterstreichen: »Ich fahre in den Urlaub mit dem Wunsch, ein sexuelles Abenteuer zu erleben.« Wäre doch merkwürdig, wenn ausgerechnet Ihnen nur die *anderen* 10 Prozent über den Weg laufen würden ...

5. *In der Schlange vor dem Kino stehen nur Pärchen. (Jaja, das ist jetzt eine Wiedervorlage, aber wir kommen nicht drum rum.)*

In der Schlange vor dem Kino stehen also nur Pärchen, ja? Und wenn schon! Achten Sie auf die Feinheiten. Reden wir von einem Bruce-Willis-Film? Dann wird der weibliche Teil dieses Cineastenduos schon im Vorfeld über die Filmauswahl ihrer besseren Hälfte gemeckert und die Harmonie des gemeinsamen Kulturerlebnisses durch voreilige Mäkelei gefährdet haben. Im Kino greift sie dann sekündlich in die Jumbo-Popcorn-Tüte und entwickelt störendere Geräusche als Modern-Talking in einem Bibelkreis, was *ihm* irgendwann zu viel wird – er kippt ihr die Popcorntüte auf die Schuhe. Nun herrscht trügerische Ruhe – doch dieser Streit wird mit Sicherheit zu Hause fortgesetzt, davon kann man ausgehen.

Sprechen wir hingegen von einer romantischen Komödie, sagen wir mit Reese Witherspoon oder Meryl Streep, sitzt vor Ihnen garantiert ein Pärchen in der rosaroten Kuschelbox und steckt erst mal knutschend die Köpfe zusammen. Nach ein paar Minuten wird *ihm* das Geschehen auf der Leinwand sichtlich zu doof, und er beginnt, die Akteure zu veralbern. Im zweiten Teil schläft er brummend ein, was wiederum *ihr* peinlich ist und dazu führt, dass sie sich vor lauter Kniffen in seine Seite und *Heyheyhey*-Zischeln nicht mehr auf den Film konzentrieren kann. Auch diese beiden Kinofreunde werden für lange, lange Zeit ihre Freizeit nicht mehr gemeinsam im Lichtspielhaus verbringen. Und wer hatte nun mehr Spaß mit dem Film?

6. *Ich wache am Wochenende allein in meinem Kingsize-Bett auf und melancholisiere eine Stunde dösend herum, bevor ich mich ins Badezimmer schleppe.*

Sie wachen am Wochenende allein auf, entwickeln keinerlei materielle Bedürfnisse und dösen herum? Grundgütiger, herzlichen Glückwunsch, kann man da nur sagen. Als Bestandteil einer glücklichen Zweierbeziehung wäre Ihnen so viel Entspannung sicherlich nicht vergönnt. Punkt acht würden Sie aus dem Haus getrieben, ausgestattet mit einem hübschen Korb für das frische Gemüse und das viele gesunde Obst vom Wochenmarkt im anderen Teil der Stadt. Von dort schauen Sie dann wie an jedem Samstag mal kurz beim Portugiesen auf einen Galao vorbei und erhaschen einen Blick auf überregionale Tageszeitungen. Aber nur einen kurzen, denn jetzt werden erst einmal Blumen im Gegenwert eines Kleinwagens gekauft. Die verblühen dann unbeachtet noch an diesem Wochenende, an dem Sie – gleichberechtigter Bestandteil des glücklichen Paares – aktiv, gesellig und unterwegs sind, denn es gilt ja auch noch, eine Kleinigkeit für den Geburtstag eines gemeinsamen Freundes (eigentlich mehr der ihres Partners ...) zu suchen, wofür noch einmal zwei Stunden draufgehen. Anschließend ist es Zeit für eine kleine private Shoppingeinheit und einen Powerlunch im Fit-for-Fun-Restaurant. Es folgt die kleine Radtour mit dem Mountainbike über 70 Kilometer, wobei ein Höhenunterschied von 2000 Metern bewältigt wird. Wenn Sie Ihre Wohnung noch vor der Erkennungsmelodie der Tagesschau wieder betreten, kann man mit Recht von einem guten Samstag sprechen ...

Höre ich da immer noch einen dieser mäkeligen Singles über eine verdöste Stunde am Samstagvormittag klagen?

7. *Ich bin zum dritten Mal in einem Jahr auf eine Hochzeit von Freunden eingeladen und sitze wieder am Tisch der bereits Verwitweten, der ewigen Verlierer und des Hochzeitsfotografen.*

Freuen Sie sich doch einfach über das kostenlose Essen und Trinken. Denken Sie an die Scheidungsraten (um die 40 Prozent in Städten, um die 30 Prozent in ländlichen Regionen). Tanzen Sie ausschweifend mit den aufreizenden jungen Cousinen der Braut, die bauchfrei erschienen sind, oder mit den gut gebauten Vettern des Bräutigams – es ist niemand anwesend, der Ihnen eine Szene machen könnte. Halten Sie sich nicht in der Nähe des Brautstraußes auf, und ergötzen Sie sich an einer diskreten Hochrechnung, was Ihre männlichen Freunde die neuen Kleider ihrer Freundinnen für diesen Abend gekostet haben mögen. Gehen Sie als Letzter nach Hause, und schlafen Sie mit ruhigem Gewissen ihren Rausch aus.

Na, überzeugt? Ein bisschen wenigstens?

Ich gebe zu, dass ich mich in den grundsätzlichen Fragen bei Katharina Zimmer bedient habe, einer Psychologin, die sich aus beruflichen Gründen mit der Lebensform des Singles beschäftigt hat. Ihr Buch ist schlau, ich kann es nur empfehlen: *Die Kunst, allein zu leben* heißt es, und ich habe es meiner Freundin Bine schon vor Monaten in den Briefkasten gesteckt. Prinzipiell hat sie auch verstanden, dass Menschen nicht auf der Welt sind, um paarweise daran zu arbeiten, sich als eigenständige Persönlichkeiten aufzulösen. »Trotzdem!«, sagt Bine und stampft dabei zu meiner Überraschung *nicht* mit dem Fuß auf, »trotzdem will ich lieber nicht allein bleiben! Jedenfalls nicht ewig.« Immerhin will sie Robert nicht zurück, ihren letzten Typen, der sie mit Musik von »The Smiths«, einem fragwürdig intensiven Verhältnis zu Automotoren und ausgewachsenen Eifersuchtsattacken an den Rand der Verzweiflung gedrängt hat. Doch auch diese Front bröckelt, je länger sie sich in die Verzweiflung ihrer mittelalten Bedürftigkeit hineinsteigert und feststellt, dass das Schicksal es irgendwie böse mit ihr meint. »Selbst wenn ich wollte«, sagt sie, und das ist nur eine rhetorische Figur, denn sie will ja, auch wenn es keinen guten Grund dafür gibt, »selbst wenn ich also wieder einen dieser Männer in mein Leben lassen würde – wo findet man denn heute noch einen halbwegs netten, *ganz normalen* Typen. Einen ohne drei Scheidungen, einen Pornobalken im

Gesicht oder eine abgebrochene Therapie wegen erwiesener Bindungsunfähigkeit?«

Die erste gute Frage, die ich von ihr höre, das muss man ihr lassen.

Sag mir quando

Aber sag mir vor allem: wo?
Suchen, schauen, finden

»Mein Psychotherapeut hat mich darauf angesprochen, ob ich schon einmal sexuell belästigt worden sei. Und ich musste ihm sagen: Leider nein!«
Elton John

»Für junge Mädchen besteht die erotische Transzendenz darin, zur Beute zu werden, um Beute zu machen.«
Simone de Beauvoir

Machen Sie sich keine Illusionen. Das Gerede von der Liebe Ihres Lebens, die da draußen irgendwo herumrennt und nur auf Sie wartet, ist Mumpitz. »Liebe ist nicht nur eine Anomalie, sondern eine ganz normale Unwahrscheinlichkeit«, hat der Philosoph und Soziologe Niklas Luhmann behauptet, und wenn man sich so umschaut, wird man zu dem Ergebnis kommen: Der Mann hat Recht.

Liebe IST eine verdammte Unwahrscheinlichkeit, jedenfalls die, nach der jeder *meiner* Freunde sucht. Ich schätze, in Ihrem Freundeskreis wird das nicht wesentlich anders aussehen. Jeder will den einen Menschen, mit dem er »alt werden kann«, ohne vor Ärger und unterdrückter Aggression jeden Tag ins Stuhlbein beißen zu wollen. Einen Menschen, der geistreich, witzig und liebevoll ist, einen mit Niveau, einen, auf den man sich verlassen kann, der einen immer wieder überrascht und der möglichst auch noch ein gutes Verhältnis zu seiner Bank unterhält. Von gutem Aussehen mal ganz abgesehen.

Stattdessen schlagen sich die meisten Männer in *meinem* Bekanntenkreis mit Frauen herum, die in ihrer Freizeit an der Scheibe töpfern oder Alanis Morissette hören. Und die Damen verbringen ihr Leben mit Männern, die am Samstagvormittag einen Opel Vectra mit Seidenmattpolitur bearbeiten und zweimal in der Woche zum Tai Chi verschwinden. Natürlich ist gegen Tai Chi nichts einzuwenden, wenn man sich nicht davon abschrecken lässt, dass es ziemlich albern aussieht – und auch Töpfern an der Scheibe verdient grundsätzlich allergrößten Respekt. Es ist nur irgendwie nicht das, was man meinte, als man sich früher seinen Traumpartner ausgemalt hat.

Die Kompromisse beginnen bei der Partnersuche. Wer mit klaren Vorstellungen ungebunden in die Welt hinausgeht, um sich nach einem Menschen für sein Leben, die nächsten sieben Jahre oder auch nur für die kommende Nacht umzusehen, wird am Ende überrascht sein, mit *wem* er da handelseinig geworden ist. Und stellt fest, zuweilen irritiert von der eigenen Flexibilität: Es spielt offenbar keine so große Rolle, *wer* das schließlich ist und inwieweit sich diese Person im Gesamtauftritt vom ursprünglich definierten Beuteschema entfernt hat. Von ungleich höherer Bedeutung ist, dass sich überhaupt jemand gefunden hat, der dem eigenen Werben um Gunst, Gesprächszeit und erotischer Gymnastik die notwendige Aufmerksamkeit entgegengebracht hat.

Die Bereitschaft, diese Person liebenswert zu finden und als Antwort auf alle dringlichen Fragen der Lebensplanung aufzufassen, ist schließlich so herrlich identitätsstiftend und versöhnt auch kritische Geister mit sich selbst. Oder besser ausgedrückt: »Romantischer Fatalismus bewahrt uns vor dem undenkbaren Gedanken, dass das Bedürfnis zu lieben immer unserer Liebe zu irgendeiner bestimmten Person vorausgeht.« (Alain de Botton, *Versuch über die Liebe*)

Romantischer Fatalismus. Klingt wie eine Krankheit und ist vermutlich auch so gemeint. Was de Botton uns sagen möchte und was ich ihm aufs Wort glaube: Wir wollen da draußen jemanden finden, und wir *werden* da draußen jemanden finden, weil wir uns entschieden haben zu lieben und weil dieser Wunsch mächtiger ist als unser rationales Urteilsvermögen.

Oder, um noch einen professionellen Schlaumeier zu bemühen, den Heidelberger Soziologen Thomas Klein: »Gelegenheit macht Liebe. Wer zu wem findet, hängt vom Partnermarkt ab, also der Chance, überhaupt jemanden kennen zu lernen, in den man sich verlieben kann.«

Weil Henry Millers gern zitierter »Boogie-Woogie der Hormone« in dieser Phase alle wichtigen Entscheidungen trifft, kommt es daher immer wieder zu, sagen wir: *merkwürdigen* Allianzen. Zu Paarkonstellationen, die ganz sicher nicht im Himmel geschlossen worden sind. Prinzip: Tierliebhaberin trifft Taubenvergifter. Katja Flint prallt auf Peter Handke. Ökobäcker schläft mit Pharmareferentin. Irgendwas in dieser Art. Wenn der Boogie-Woogie dann nach einigen Monaten langsam zum Slowfox mutiert, mustern sich zwei Menschen – seit einiger Zeit ein Paar – im eigenen Badezimmer oder bei der Cocktailparty mit Freunden verblüfft befremdet. Und fragen sich: Warum er? Warum sie?

Ganz schön unbequem, wenn diese Fragen dann nicht zufrieden stellend beantwortet werden können und das neue Sofa noch nicht abbezahlt ist.

Warum so lange Vorreden, wo dieses Kapitel doch konkrete Aufklärung im großen Stil versprochen hat? Ganz einfach: Bevor der praktische Teil der effektiven Partnersuche ins Auge gefasst werden kann, sollte klar sein, dass hier keine Schicksalsfragen verhandelt werden. Einen Menschen zu finden, mit dem man Körperflüssigkeiten austauscht, Wohnraum teilt und im schlimmsten Fall später einmal schwer erziehbare Jugendliche in die Besserungsanstalt steckt, ist kein Mythos, kein feierlicher, von hehren Idealen getragener Akt der Vorsehung – er wird nur gern dazu verklärt. Auch wenn das im Rahmen unserer Selbstwahrnehmung als ethisch hoch entwickelte Spezies gern verdrängt wird – die Lust auf einen anderen Menschen im eigenen Leben basiert auf einem schlichten Bedürfnis nach Gesellschaft, Zuneigung, Anerkennung und regelmäßigem Geschlechtsverkehr. Und Partnersuche funktioniert auch nicht wesentlich anders als die Anschaffung eines Reiheneckhauses.

Aus diesem Grund ist es auch überhaupt nicht verwerflich, sondern grundsätzlich legitim, Kontaktanzeigen aufzugeben, auf Partys »Kleine Feiglinge« zu trinken oder Flirtführer auswendig zu lernen – die Frage ist, ob derlei eifriger Aktionismus auch zum gewünschten Ergebnis führt. Dazu kommen wir später. Vergessen Sie aber auf jeden Fall die Ratschläge von Leuten, die wahrscheinlich ihre Jugendliebe vom Schulhof weggeheiratet haben und Ihnen heute pathetisch ins Ohr raunen: »Die Liebe kann man nicht zwingen, sie kommt ungefragt zu dir!« Einen Blödsinn kommt sie. Ungefragt tauchen nur schmerzhafte Krankheiten und Typen von der GEZ auf. Um Menschen, die man mal in ihrer Unterwäsche sehen möchte, wird man schon ein bisschen kämpfen müssen.

Zwischen Kopierer und Kantine

Falls die Belegschaft Ihrer Firma beim Casting für ein Fellini-Remake weit vorn liegen würde, dann habe ich jetzt eine schlechte Nachricht für Sie: Jedes dritte Paar in Deutschland lernt sich am Arbeitsplatz kennen. Die Mathematik-Referendarin zieht sich den Mathe-Studienrat bei der Abitur-Abschlussfahrt an Land; am Kopierer entbrennt die Liebe zwischen Schlussredakteur und Grafikerin, und der BMW-Monteur macht der Küchenhilfe in der Kantine schöne Augen. Auch Leute wie Brad Pitt und Jennifer Aniston sind sich am Drehort in die Arme gefallen, was aber kein Wunder ist: In diesem Milieu gehört ein wenig Ringelpietz mit Anfassen zum Aufwärmprogramm. Paarbildung im Job funktioniert in allen Branchen, darüber herrscht Einvernehmen. Leider existieren bei dieser Anbahnungs-Variante ziemlich große Risiken und Nebenwirkungen.

Never fuck in the factory! Diese uncharmante Direktive kennt jeder, und in manchen Firmen steht sie sogar – etwas blumiger formuliert – im Arbeitsvertrag. Beziehungen haben die unschöne Angewohnheit zu zerbrechen, und meistens geht so etwas nicht geräuschlos über die Bühne. Obwohl Arbeitspsychologen inzwischen nachgewiesen haben, dass Verliebte deutlich produktiver sind, warnen sie vor fahrlässig eingegangenen Verhältnissen im Job. Unschön beendete Affären haben höhere Halbwertszeiten als Asbestrückstände in ostdeutschen Plattenbauten. Wird eine Beziehung unter Kollegen nicht einvernehmlich beendet – und einvernehmlich heißt ja heutzutage schon, dass es ohne körperliche Gewalt und ein Heer von Anwälten über die Bühne geht, droht ein an den Arbeitsplatz verlagerter Rosenkrieg: Intrigen, schlechte Stimmung, offene Aggression = miese Leistung.

Bei IBM sitzen offenbar diesbezüglich erfahrene Menschen in der Personalabteilung, denn dort verbot man früher unkeusches Tun der geschätzten Belegschaft schon in der Betriebsvereinbarung: »Leitende Angestellte dürfen keine romantische Beziehung zu einer Angestellten aufnehmen, auch dann nicht, wenn eine solche Beziehung auf Gegenseitigkeit beruht.« Eine romantische Beziehung in einem Unternehmen, die *nicht* auf Gegenseitigkeit beruht, möchte man sich da schon gar nicht mehr vorstellen.

Interessant ist natürlich die Frage, *warum* Leute am Arbeitsplatz so häufig die Paarungswut überrascht. Werden Menschen von Kopierern erotisiert, verlangt die tägliche Routine am Schreibtisch nach einem kleinen Abenteuerspielplatz für zwischendurch? Im Bizz-

Wissenschaftsmagazin auf Pro 7 versuchte man sich kürzlich an einer Auflösung dieses Phänomens: Liebe im Job sei deshalb so erfolgreich, weil sich die Probanden dort gründlich und unverkrampft unter die Lupe nehmen könnten. Und bei gegenseitigem Gefallen könne man dann in aller Ruhe die nötigen Schritte einleiten. Vergessen Sie also alle wilden Fantasien von spontanen Orgien in Kopierzimmern und Besenkammern. Angeblich – so Bizz – seien die bereits im Ansatz qualitätsgeprüften Beziehungen auch langfristig von Erfolg gekrönt: 50 Prozent dieser Firmenverbindungen mündeten in eine Ehe. Zum Vergleich: Nur sechs Prozent aller Paare, die sich in Kneipen, Discos oder Restaurants zum ersten Mal tief in die Augen schauten, schafften den Weg vor den Standesbeamten. Fragt sich natürlich, welche der beiden Gruppierungen mehr Spaß hatte.

Leider gibt es bei der Partnersuche keine festen Regeln und Erkenntnisse. Wo man einen Anwohnerparkplatz erhält, kriegt man durch einen Anruf bei der Stadt raus. Wie man Fußpilz kuriert, weiß jeder Apotheker. Es gibt womöglich sogar eine klare Antwort auf die Frage, wie viel Schmerzensgeld Ihrer Sippe zusteht, falls Sie beim Grillfest versehentlich den Job des Spanferkels übernehmen. Alles geregelt, alles definiert, kein Problem. Die Formel aber, effektiv anzubandeln, die ist leider noch nicht erfunden worden.

Dabei ist die Ausgangslage simpel. Es gibt Männer da draußen, die nicht allein sein und bleiben wollen. Und es gibt ungefähr genauso viele Frauen, deren subjektiv empfundenes soziales Dilemma sie zu dem gleichen Schluss kommen lässt. Wäre doch eine erfrischend unkomplizierte Angelegenheit, beide Lager in ein großes Stadion zu karren und abzuwarten, wie die Dinge ihren Lauf nehmen. Vermutlich würde RTL 2 sofort mitmachen, die Kameras draufhalten, und in drei Monaten hätten wir die erste Single-Auskoppelung eines Big-Date-Teilnehmers auf dem Markt und den ersten Skandal in der BILD: »Singt der wirklich, oder sind das die Stimmen von Milli Vanilli?«

Wäre schön und sogar unterhaltsam, funktioniert dummerweise aber ganz anders. Frauen und Männer suchen nicht einfach nur nach einem emotionalen Grundausrüster, mit dem sie einen Vertrag in beliebig auszuhandelnder Länge abschließen – was schlau und, mal ganz nüchtern betrachtet, auch eine pragmatische Haltung wäre, angesichts des zwischenmenschlichen Elends da draußen. Aber die Jünger der romantischen Aufklärung suchen stattdessen nach einer Person, die zu ihnen *passt*, die ihre Witze versteht, ein paar ähnliche Perspektiven im Masterplan gelistet hat und möglichst auch noch einem ausgefeilten visuellen Beuteschema genügt. Sie suchen wider besseren Wissens nach ihrer *anderen Hälfte*. Einer extrem geschönten anderen Hälfte, um genau zu sein. Das macht die Sache nicht einfacher.

Und solch eine emotionale Rasterfahndung lässt sich nicht durch plumpe Zeichensetzung gewährleisten. Es reicht einfach nicht, sich ein stark reduziertes Bedürfnisprofil (»Will ficken!«) auf die Stirn zu schreiben oder sozialen Status mit Zukunftsambitionen zu verbinden (»28, Porsche, Kinderfreund«). Aus diesem Grund sind auch besagte Fisch-sucht-Fahrrad-Partys nur bedingt förderlich, wenn es um seriöse Partnerfindung geht. Dort wird zwar schon das bloße Erscheinen ganz richtig als Signalreiz dechiffriert, damit hat es sich aber auch. Man sollte schon etwas mehr Zeit aufwenden, um herauszufinden, ob der erste Eindruck auch dem zweiten Satz oder dem dritten Date standhält. Eine Fisch-sucht-Fahrrad-Party verhält sich zu einem viel versprechenden Flirt jedenfalls wie Nusspli zu Nutella – es hat den Anschein, als ob wir es mit der gleichen Pampe zu tun hätten, doch der Nachgeschmack ist ein völlig anderer ...

Ideale Orte für den Erstkontakt

1. Der Arbeitsplatz

Wurde ja bereits erwähnt. Eignet sich zur Langzeitbeobachtung des avisierten Zielobjekts, kann also relativ strategisch angegangen werden. Gegenseitige Anziehung wird sich früher oder später in einer unverfänglichen Jobsituation offenbaren, überfallartige Geständnisse in dunklen Gängen sind hier tunlichst zu vermeiden. Falls keine Kündigungen oder Versetzungen nach Guatemala anstehen, haben Sie alle Zeit der Welt, auf einen geeigneten Moment zur Offenlegung Ihrer seelischen Notlage zu warten. Für ältere Herren mit grauen Kinnbärten: Nein, es ist keine gute Idee, die Praktikantin aus der Werbeabteilung mit Blondinenwitzen anzufüttern. Für Fremdsprachensekretärinnen mit blauen Kniestrümpfen: Vergessen Sie alles, was Sie in der *Frau im Spiegel* über Flick und seine Sekretärin gelesen haben. *Ihr* Chef wird sich nie von seiner Frau trennen.

2. Partys von Freunden

Überschaubares Soziotop mit einer erklecklichen Anzahl von potenziellen Partnern und kostenlosen Getränken. Diese Kombination an sich verspricht viele heitere Gespräche und birgt den Vorteil, dass man sich beim Gastgeber nach den in Frage kommenden Kandidaten erkundigen kann (»Hat der eine Freundin/ein offenes Auto/eine dominante Mutti?«) und auch entsprechende Nachsorge gewährleistet ist (»Du, Michi, hast du mal schnell die Handynummer von dem Geschoss mit dem blauen Push-up von deiner Party, die hab ich blöderweise grad verlegt ...«). Allerdings sind viele dieser scheinbar so charmant flirtenden Menschen auf Privatpartys nur höflich, weil sie es sich nicht mit den vermeintlich besten Freunden des Gastgebers verderben wollen. Deshalb ist es angebracht, alle Balzriten sofort einzustellen, wenn der Typ gegenüber anfängt, sich vor Langweile Salzstangen in die Nase zu stopfen. Nichts geht auch bei einer Frau, die in Ihrer Gegenwart den Gin Tonic sturzschlürft und sich dann mit einer beliebten Partylüge aus dem Staub macht: »Du, ich hol mir nur mal schnell was zu trinken!« Wer darauf wartet, dass sie mit einem vollen Gläschen an den Ausgangspunkt der »netten Unterhaltung« zurückkehrt, glaubt auch *Ally-Mc-Beal*-Darstellerin Calista Flockheart, dass sie vor dem Schlafengehen zwei Tafeln Schokolade isst.

3. Der Urlaub

Wie an anderer Stelle bereits erwähnt, neigt der Bundesdeutsche beiderlei Geschlechts in seinem Urlaub zu sexueller Sorglosigkeit. Fraglich zwar, ob im Urlaub tatsächlich Beziehungen geboren werden, die länger funktionieren als ein Reformvorschlag der Schröder-Koalition. Erotische Ambitionen aber gehören bei mehr als der Hälfte allein reisender Urlauber quasi zum Standardprogramm. Falls die entsprechenden Signale ausgesendet werden, dürften also die Erfolgsquoten bemerkenswert sein. Gefährlich sind die Flirts unter dem Sonnenschirm nicht nur wegen der bunten Sahnecocktails: Nach erfolgreichem Geschubse drohen am Ende des Urlaubs lästige »Lass-uns-Freunde-bleiben«-Ansprachen, falsche Telefonnummern oder Fernbeziehungen zwischen Radevormwald und Rügen. Niemand weiß, was schlimmer ist.

4. Kuppelei von Freunden

Wenn gute Freunde einem was schenken wollen, müssen es nicht immer Ferrero-Küsschen sein. Auch ein geselliger Abend kann dabei herauskommen, bei dem gut gegessen wird, die neuesten Gerüchte ausgetauscht werden und neben Ihnen offenbar ein Mensch mit einer Behinderung sitzt. Es dauert so zwei bis drei Stunden, bis Sie herausfinden, dass Ihr Tischnachbar Hubert heißt und keineswegs an einer Gesichtslähmung leidet. Er will nur freundlich sein und spielen. Schließlich haben ihm die Gastgeber zugeraunt, dass Sie »auf der Suche« seien. Und Hubert, so viel wird Ihnen während der diversen Gänge in der Küche mitgeteilt, sei ein echt interessanter Typ, außerdem Single. Später finden Sie heraus, dass er das schon seit zwölf Jahren ist und außerdem noch bei seiner Mutter lebt. Ihre Freunde haben es nur gut gemeint.

So weit das *Worst-Case-Szenario*. Tatsächlich aber

gibt es eine kleine Chance, dass Ihnen bei solch einer Kuppelaktion ein interessanter Mann begegnet, den Sie am liebsten an Ort und Stelle aus seiner Garderobe pellen wollen. Tun Sie sich keinen Zwang an. Aber verwechseln Sie den Kuppelkandidaten nicht mit dem bereits fest liierten Freund einer entfernten Bekannten. Das führt nicht zum gewünschten Ergebnis und macht einsam.

5. Das Internet

Winken Sie nicht gleich ab. Es gibt unendlich viele Foren, in denen sich frische Bedürftige mit Bild und einem kurzen Steckbrief zur Person anbieten. Kostenlos! Der Vorteil dieser gleichsam so offensiven wie indirekten Selbstpräsentation: Sie bestimmen das Tempo und die Gangart. Wenn Ihnen ein Kandidat nicht gefällt, können Sie ihn mit drei gezielten Sätzen und einem Klick für immer aus Ihrem Leben verbannen. Falls Ihnen einer zusagt, bietet Ihnen das W.W.W. indes einen bunten Strauß lustiger Möglichkeiten, sich neu zu erfinden. Sie können den Beruf wechseln, die Steuerklasse und sogar das Geschlecht. Sehr unterhaltsam. Leider nur so lange, bis der inzwischen von Ihrem Charme und den überlieferten Supermodel-Maßen angefixte Tropf am anderen Ende der ISDN-Leitung Sie jetzt endlich einmal kennen lernen will und schon auf die eigene Tastatur sabbert. Es empfiehlt sich also, bei der Beschreibung Ihrer Person recht nah an der Wahrheit zu bleiben, falls Sie sich tatsächlich mit einem der Kandidaten treffen wollen.

Die Chancen auf eine Partnerschaft mit Perspektive stehen in Deutschland übrigens gar nicht so schlecht.

Das Internet ist offenbar besser und seriöser als sein Ruf. Laut einer Umfrage der Online-Dater von Match.com gaben 70 Prozent aller Männer und Frauen zu, dass sie im Internet nach einer dauerhaften Beziehung suchen (Schweden: 36 Prozent, Spanien: 32 Prozent!). Und sogar 75 Prozent aller Befragten sind zuversichtlich, dass man sich bereits in eine Person verlieben kann, die man »nur« online kennen gelernt hat. Ob die Quote dann sinkt, wenn man sich zum ersten Mal live über den Weg läuft, wurde nicht überliefert.

Keine guten Orte für den Erstkontakt

1. Die Disco

Wird als optimale Szenerie zur Anbahnung zwischenmenschlicher Kontakte missverstanden und völlig überschätzt. Die traurige Wahrheit: Nur sechs Prozent aller Ehen wurden bei einem Whisky-Cola in der Bar, Disco oder Kneipe generiert. Scheint so, als sollten Sie mal über Ihre Strategien nachdenken... Dabei liegen die Gründe doch auf der Hand: Selbst das charmanteste Gespräch hat ohne akustische Verstärker keine Chance gegen Ramazotti, die Red Hot Chili Peppers oder das Gebrüll der Gallagher-Brüder von Oasis. Und selbst der zärtliche Hinweis, nie habe man in schönere Augen blicken dürfen, wird – durch ein Megaphon gesäuselt – in seiner Wirkung arg beeinträchtigt. Außerdem sind in diesen Musikschuppen eine Hand voll lästiger Konkurrenten immer schon da gewesen. Nach der fünften Aufforderung »Komm, lass uns watt trinken, Püppi« wird selbst die wohlwollendste junge Dame unleidlich. Keine guten Voraussetzungen für den sechsten Versuch.

Wer allerdings bloß nach einem One-Night-Stand sucht, ist in so einer beschallten Lagerhalle am rechten Ort. Solche pragmatischen Deals gehen dort in wenigen Sätzen über die Bühne. Überlieferter Rekord in meinem Bekanntenkreis, den ich immer für hochanständig und beinahe verschüchtert gehalten habe: vier kurze Sätze. Der Dialog zwischen zwei bis dahin vollkommen unbekannten Personen nach einem kurzen Augenkontakt, glaubwürdig überliefert von einem Ohrenzeugen, dessen Name ich kenne:

»Müssen wir denn jetzt *alles* selbst machen?«

Sagt sie.

»Ich hatte keine Lust zum Reden.«

Sagt er. Pause.

»Wo wohnst du denn?«

Sagt wieder er.

»Zeig ich dir.«

Sagt sie.

Der Rest läuft nonverbal, innerhalb von 30 Sekunden sind die handelnden Personen dieser kleinen Szene aus der Tür. Natürlich sind sie heute *kein* Paar. Vergessen Sie also die Disco, wenn es Ihnen ernst ist.

2. Flirtführer

Ist natürlich kein »Ort«, sondern eher eine Art Güllesilo in Buchform und mit Abstand die schlimmste Erfindung seit dem Sangria-Eimer: die Szene- oder Lifestyle-Fibel, in der für schwach begabte Stammler fein säuberlich gelistet wird, mit welchem Spruch sie jede Frau »rumkriegen« können.

Der dämliche Satz »Deine Eltern müssen Diebe sein, denn Sie haben die Sterne vom Himmel gestohlen« dürfte in seiner Kontraproduktivität nur noch von dem Hinweis, man habe seit einigen Wochen schillernde Darmprobleme, übertroffen werden. Natürlich gibt es solche Führer nur für Männer, was nicht unbedingt für sie spricht. Vermutlich wird keine Frau jemals den Satz »Ich bin neu in der Stadt – kannst du mich nach Hause bringen?« über ihre Lippen bringen, und auch die Disco-Plattitüde des Jahrhunderts »Bist du öfter hier?« verkneifen sich junge Damen zumeist. Vermutlich ist es sinnlos, noch einmal darauf hinzuweisen, denn Männer sind entsetzlich limitiert, wenn es darum geht, neue Erkenntnisse zu gewinnen. Trotzdem, Jungs, noch ein Versuch: Frauen sind die Chefs beim Anbandeln. Wenn sie euch anlächeln und ein paar eindeutige Signale aussenden, dürft ihr auch gern ein Gedicht in schwäbischer Mundart vortragen und die Sache läuft trotzdem. Ist sie hingegen grundsätzlich *nicht* interessiert, könnt ihr auch Cyrano de Bergerac mit der Handpuppe aufführen und sie wird trotzdem nicht mal ein stilles Wasser mit euch teilen.

Erklären wir das Geheimnis des ersten Kontakts mit der hübschen Szene aus *Sechs Tage, sieben Nächte*, in der die schöne Anne Heche den ebenso wohlgeratenen Harrison Ford fragt: »Was muss eine Frau machen, damit ein Mann sie begehrt?« Ford antwortet: »Wenn es die richtige ist? Auftauchen!«

3. Striplokale und FKK-Strände

Nur für Jungs: Man baggert keine Frauen an, wenn man von Nippeln, Strapsen und Papierdollars umgeben ist, die man zwischen umoperiertes Bindegewebe stecken soll. Hier muss ja jede amtliche Frau glauben, dass nur der Ruf des Dschungels zu hören ist. Hat einfach kein Format.

Nur für Mädchen: Ich kenne zwei bis drei Situationen, in denen Jungs noch weniger an einem Gespräch und an diesen kleinen, subtilen Signalen interessiert sind, die ihr immer so putzig aussendet. In einem Striplokal um einen jungen Mann zu werben ist so, als versuche man, sich bei einem Rammstein-Konzert mit einer Blockflöte Gehör zu verschaffen.

4. Käsetheken

Keine Ahnung, *wer* diesen Blödsinn in die Welt gesetzt hat, aber er grassiert hartnäckig: Man kann beim Einkaufen gut flirten. Gern an der Käsetheke, weil man dort an den georderten Portionen gleich mal sehen könne, ob sich einer für die Großfamilie oder den Einpersonenhaushalt eindeckt. Das ist natürlich Unsinn. Niemand kennt auch nur einen Menschen, der einen kennt, der sein Herz zwischen Fol Epi und Appenzeller verloren hat. Und mal ehrlich: Wie lästig ist es, wenn Ihnen beim gezielten Griff zur Monatsbinde plötzlich Kater Carlo von hinten an den Wagen greift und fragt, ob er den Wagen mal ein bisschen schieben könne?

5. Kino

Ein ungleicher Kampf: Wenn jemand neun Euro investiert hat, um sich von Brad Pitt oder Julia Roberts zu einer gemeinsamen Nacht überreden zu lassen, ist das gezischelte »Popcorn?!« *immer* die falsche Frage, egal ob sie von Gretchen Schluppich oder Frieder Schlünz kommt. Kino ist ein Medium der Anbetung, Stille und

Bewunderung – und wir Normalsterblichen sollten darin demütig die Klappe halten und auf bessere Zeiten (Orte!) hoffen.

Kommen, sehen, stottern

Der erste Vollkontakt mit der
neuen, großen Liebe

*»Charme – das, was manche Leute haben,
bis sie beginnen, sich darauf zu verlassen.«*
Simone de Beauvoir

Vermutlich ist Hugh Grant der weltbeste Performer des Black-outs. Und das hat ausnahmsweise mal nichts mit der kleinen Blasmusik zu tun, für die er in Los Angeles eingebuchtet wurde und für die er vermutlich lebenslang mit diesem grandiosen Verbrecherphoto bezahlen muss, das alle drei Monate in *Bunte* oder *Gala* auftaucht. Nein, Hugh Grant kennt den Black-out aus anderen Zusammenhängen. Er verdient sein Geld hauptsächlich in romantischen Komödien, vermutlich ob seiner wärmlich-laxen Ausstrahlung und seiner Frauenversteher-Tolle, wer weiß das schon. Jedenfalls hat er in diesen Filmen stets die Aufgabe, einer hübschen jungen Frau Avancen zu machen. Natürlich ist er damit vollkommen überfordert – wir reden hier von Hugh Grant! Unfreiwillige Höhepunkte dieser Filme sind immer die ersten Sätze, die der scheue Hugh im Dienste seiner Rolle an das jeweilige *love interest* richtet. Egal, ob er in *Notting Hill* Julia Roberts mit verzichtbaren Informationen über einen türkischen Reiseführer zumüllt oder ob er in *Vier Hochzeiten und ein Todesfall* die spöttisch grinsende Andie McDowell stammelnd über seine Seelenqual unterrichtet – stets wirkt der Mann in diesen Sekunden, als habe ihm Mike Tyson vor nicht mal fünf Minuten ins Öhrchen gebissen.

Es gibt einen guten Grund, warum diese Rollen immer wieder mit Hugh Grant besetzt werden. Er ist einfach der Beste! Niemand wirkt trotteliger, armseliger, amüsanter in diesen Momenten. Und dabei irgendwie doch auch erbarmungswürdig sympathisch in seiner verliebten Pein. Mein Freund Greumel hat es so formuliert: »Natürlich ist der Typ ein totaler Idiot! Aber das bin ich auch, wenn ich zum ersten Mal mit einer Frau rede, die mir gefällt. Der Unterschied ist nur: Am Ende darf *er* sie trotzdem küssen!«

Da ist was dran, erklärt sich aber durch das Wesen der Unterhaltungsindustrie : Niemand will im Kino dabei sein, wenn zwei Menschen 120 Minuten gegen die gemeinen Einfälle des Drehbuchs kämpfen und dann *nicht* zusammenkommen. Das kann man schließlich da draußen im richtigen Leben einfacher haben ... Nein, solche Filme sind ein wunderbares Surrogat für die Hoffnung, dass die eigene Trotteligkeit uns nicht zwangsläufig bei allen Traumfrauen dieser Welt disqualifiziert. Und es stimmt ja. Hugh Grant macht es uns vor: Seine Unfähigkeit, im Hormonstress auch nur einen halbwegs sinnvollen Satz zu formulieren, kennen wir nur zu gut von unseren eigenen Balzversuchen. Wir gehören ja unübersehbar nicht zu den geschätzten zwei Prozent der Jungs auf der Welt, die aussehen wie Brad Pitt (egal, was der *sagt*!) oder reden können wie Gebrauchtwagenhändler (denen ist ohnehin schon alles egal). Nein, nein, wir gehören zu den Jungs, die im munteren Dialog mit einer Frau, die aussieht, als sei sie die Sängerin der Cardigans, schon mal eine fünfminütige Gesprächspause einlegen. Jungs, die ab Minute zwei dann vor Nervosität mit den Zähnen knirschen, bevor sie eine Idee haben und sich schon 30 Sekunden später auch trauen, sie auszusprechen: »Du, äh, findste Smalltalk auf Partys auch so oberflächlich?«

Lachen Sie nicht. Was sollen wir tun? Diesen fiesen Ratgebern gehorchen, die fordern: Sprich sie auf ihre schönen Augen an. Mach ihr ein Kompliment über ihre Figur. Erwähne beiläufig den aktuellen Nobelpreisträger in Molekularbiologie, während du ihr einen Gin Tonic überreichst?

Klingt gut. Ist aber leider auch nicht effektiver, als die Sprache auf Stefan Raabs kackbraune Lederflickenjeans zu bringen oder Daniel Küblböcks Tanzstil zu imitieren. Die Wahrheit ist: Wir könnten die gottverdammte Reinkarnation von Rilke sein und dessen Gedichte auf dem Kamm blasen – wenn wir der Dame gegenüber nicht gefallen (und das entscheidet sich dummerweise nach ersten Blickkontakten innerhalb von Sekunden), dann können wir unseren poetisch-intellektuellen Bauchladen gleich wieder zusammenpacken und uns demütig zum Barmann rüberbeugen: »Noch einen!« Eine gemeinsame Nacht oder auch nur ein Gespräch, das länger dauert als eine Bestellung bei McDonald's, können wir uns auf jeden Fall abschminken.

Fassen wir zusammen: 1. Jungs mutieren gern binnen Sekunden zu Ölfässern, wenn ihnen die Blitzverliebtheit widerfährt. 2. Selbst auswendig vorgetragene

Gedichte aller anerkannten Geistesgrößen Europas führen nicht zwangsläufig zum gewünschten Ziel. Was bleibt denn da noch? Kann man lernen, charmant zu sein? Ist es ratsam, Smalltalk an der Volkshochschule zu belegen, um eine bessere Quote bei der Partnersuche zu erzielen?

Gar nicht nötig. Unter der Fragestellung »Weshalb gerade sie? Warum gerade er?« war kürzlich bei EgoNet.de über die Geheimnisse der Partnerwahl zu lesen:

»Es gibt viele Studien, wovon Männer und Frauen sich leiten lassen. Angeblich. Männer achten auf die Figur, die Haare, das Selbstbewusstsein, den Humor von Frauen. Diese schätzen bei Männern ebenfalls Humor und Selbstsicherheit, aber auch Körpergröße, sozialen Status und Treue. In Wirklichkeit läuft aber alles ganz anders. Nur wenige checken diese Merkmale ab, bevor sie sich für ein Rendezvous entscheiden. Wenn Sie spüren, dass Ihr Gegenüber Ihnen mit netten Worten Interesse entgegenbringt und einfach alles toll findet, was Sie tun – wetten, dass dann auch eine unauffällige Erscheinung, die Sie sonst konsequent übersehen hätten, auf einmal Ihre Sympathie findet?«

Da wären wir also wieder bei den Arrangements zur Stärkung des eigenen Selbstbewusstseins – oder beim romantischen Fatalismus, wenn Sie so wollen... Die interessante Direktive für das erste Date versteckt sich bei EgoNet aber in einem unscheinbaren Halbsatz: »mit netten Worten dem Gegenüber Interesse entgegenbringen« heißt es dort. Das klingt nach einer schlichten Weisheit. Doch mal ehrlich – wie häufig wird das beim Erstkontakt mit einem attraktiven Gegenüber wirklich befolgt? Selten? Noch viel seltener.

Leider glauben wir nicht an die Macht der Bescheidenheit und Zurückhaltung. Stattdessen geht es nur darum, in möglichst kurzer Zeit und in wenige Sätze so viel Witz, Charme und Intelligenz zu packen, wie nur irgend möglich. Beziehungsweise, was man dafür hält...

Mein Freund Tim pflegte sich bei solchen Gelegenheiten immer etwas, wie soll ich sagen... *aufzuwerten*. Selbst wohlwollende Frauen halten ihn für einen gewaltigen Aufschneider, aber Tim sieht das anders. »Ich verdichte nur ein bisschen«, behauptet er und versteht nicht, was daran verkehrt sein soll. Seiner vorerst letzten Bekanntschaft Kristin, einer Nachwuchsschauspielerin mit Hornbrille und Mountainbike, erzählte er zum Beispiel am ersten gemeinsamen Abend, dass er gern stundenlange Spaziergänge unternehme und auch kulturell stark interessiert sei. Das ließe sich ja allein schon daran ablesen, dass er beruflich im Theatergeschäft tätig sei. Zudem präsentierte sich Tim als Aktienkenner mit guten Insiderkontakten und als verhinderter Globetrotter mit ausgewiesenem Interesse an der Tierbeobachtung in freier Wildbahn. Kurzum: Tim musste Kristin an diesem ersten Abend wie die Antwort auf all ihre Fragen erschienen sein. Der Traummann – und als Zugabe auch noch an ihr interessiert...

Ein paar Wochen später haben sich Kristin und Tim nach kurzer, heftiger Affäre getrennt. Ich kenne die schmutzigen Details, weil Tim sich bei mir ausgeheult hat: »Ständig wollte sie mit mir ans Meer fahren und lange Strandspaziergänge machen! Und dann die Samstagabende in diesen miefigen Untergrundtheatern...« Auch andere Facetten seiner Persönlichkeit schienen bei Kristin nicht auf allzu große Zustimmung gestoßen zu sein. Kein Wunder: Tims stundenlange Spaziergänge hatten ihren Ursprung im dreimonatigen Verlust seines Führerscheins wegen zu schnellen Fahrens, der Insiderkontakt zur Wall Street wurde hauptsächlich durch seinen kleinen Bruder gewährleistet, der bei einer Hamborner Sparkasse den ehrbaren Beruf des Bankkaufmanns erlernte. Und seine Tierbeobachtung in freier Wildbahn? Nun – während seiner Zivildienstzeit in einem Krankenhaus fütterte Tim mal ein paar Wochen Tauben mit Blaukorn und verbrannte sie anschließend im hauseigenen Krematorium. Eigentlich eine lustige Zeit und ein wunderbares Reservoir an amüsanten Episoden für uns alle, aber wohl doch nicht so gut geeignet, um bei Kristin zu punkten. Selbst seinen Job im »Theaterbusiness« würde ich ihm nicht so ohne weiteres durchgehen lassen. Oder gehört ein Druckvorlagenhersteller, der für die Programmblätter der städtischen Bühnen zuständig ist, bereits zur Klientel der Künstlersozialkasse?

Tim wundert sich übrigens darüber, dass seine Beziehungen immer nur von kurzer Dauer sind. »Erst läuft es fantastisch, aber nach ein paar Tagen stellt sich raus, dass wir überhaupt nicht zueinander passen!« Ach was.

Natürlich ist Tim ein Sonderfall. Nicht jeder hat so viel Fantasie und die nötige Chuzpe, sich bei der Darstellung der eigenen Person so weit von der Realität zu entfernen. Das Prinzip allerdings ist weit verbreitet. Beinahe jeder versucht sich bei der ersten Abendeinladung und vermutlich noch in den ersten Monaten der aufblühenden Liebe interessanter, klüger, verständnisvoller, ja: besser zu verkaufen, als er sich tief in seinem Innern fühlt. Die ganze Performance ähnelt einem Verkaufsgespräch. Nur mit dem Unterschied, dass man sich hier selbst an den Mann oder die Frau bringen will. Mit dem Hinweis auf allerlei Extras und eine besonders gelungene Ausstattung klappt das natürlich in der Regel besser, als wenn man so ehrlich ist und gleich auf die Defekte und Defizite der eigenen Persönlichkeit hinweist. Die Informationen beispielsweise, man sei Nichtschwimmer, habe Hammerzehen, eine Rechtschreibe- und Leseschwäche und sei zudem notorischer Fremdgänger, sind sicherlich für den neuen Partner von immensem Interesse. Ich würde trotzdem nicht empfehlen, mit diesen Details in einer frühen Phase der Bekanntschaft aufzuwarten .

Natürlich spricht nichts dagegen, sich von seiner besten Seite zu zeigen und die Grenzen der eigenen Person etwas freier zu definieren ... Etwas! Schließlich soll der Mensch ja Ziele haben – auch im Hinblick auf seine eigenen Entwicklungsmöglichkeiten. Wer dabei aber zu sehr ins Schwadronieren gerät, wird sich in den Monaten danach an seinen Worten messen lassen müssen. Schließlich hat sich da auf der anderen Seite jemand in Sie *verliebt:* einen Menschen, der sich liebenswürdig, aufgeschlossen, vielseitig interessiert und auf den ersten Blick ohne jede neurotische Auffälligkeit verkauft hat. Das sind ziemlich hohe Standards. Sie wären nicht der Erste, der beim Versuch, seinem selbst geschaffenen Abbild zu entsprechen, ziemlich böse baden ginge ...

Empfohlene Richtgeschwindigkeit: Langsam!

Nix über Kinder, Küche, Kirche

»Doch bin ich, wie ich bin
und nimm mich nur hin!
Willst du Bessre besitzen,
so lass sie dir schnitzen!«

Johann Wolfgang von Goethe, *Liebhaber in allen Gestalten*

Wann war gleich der Moment, an dem Marja am liebsten schreiend aus dem kleinen, romantischen Restaurant weggelaufen wäre? Im Nachhinein lässt sich das ja nie so genau sagen, doch Marja denkt, dass es bei Jonas' Episode mit dem skandinavischen Holzhaus gewesen sein muss. Spätestens. Dieses Holzhaus in Blau und Weiß mit dem mindestens 500 Quadratmeter großen Garten. In dem es neben den Nutzpflanzen und dem Verschlag für ein paar Karnickel auch einen kleinen Bunker gebe, nicht allzu groß, aber doch ausreichend, um im undenkbaren Fall der Fälle ... nun ... sie wisse schon! Marja *wusste* eigentlich nicht so recht, aber das sagte sie in diesem Moment Jonas besser nicht.

Was sie allerdings genau wusste, war, dass dieser Abend sich zu einem Fiasko entwickeln würde, wenn ihr nicht schnell etwas einfiele. Eine Herzattacke vielleicht oder eine Zauberformel, mit der sie den Redefluss ihres männlichen Begleiters sofort zum Versiegen bringen würde. Wo ist dieser Harry Potter, wenn man ihn braucht?

Marja gehört zu den höflichsten Mädchen, die ich kenne. Eine Eigenschaft, die sie schon einige Male in Bedrängnis gebracht hatte. Aber Jonas stellte auch für sie und ihre freundliche Grundhaltung eine echte Herausforderung dar. Jonas war einfach unerreicht. So etwas wie Jonas war ihr noch nie untergekommen. Die Vorspeise lag noch auf ihrem Teller, da hatte er bereits die Rahmenbedingungen eines gemeinsamen Lebens vor ihr ausgebreitet. In den schönsten Farben. Laut und bestimmt. Beim *ersten* Date! Getarnt als umfassend ehrliche Selbstauskunft im Stile von »Meine Wünsche, meine Ziele« skizzierte Jonas schon einmal die nächsten 15 Jahre ihrer unvermeidlich harmonischen Union und ließ keinen Zweifel daran, dass allein Marja es nun in der Hand habe: Verlobung nicht nötig, Ehe und Kinder prinzipiell ja, Kirchenaustritt auch, zwei Autos, weil praktischer, Verhütungsfragen komplex und als Urlaubsziel vorwiegend Europa, gern Lanzarote, weil, da habe er gute Erfahrungen gemacht. Zielstrebigkeit und Ehrgeiz seien Ehrensache, aber ein bisschen Erholung auch nicht schlecht; Seele baumeln lassen und so, denn, wie sagte schon Epikur: »Wer nicht genießen kann, wird selbst bald ungenießbar.« *Hehehehe.*

Seinem gemeckerten Lachen folgte ein suchender, kurzer Griff an Marjas Knie und schließlich, siehe oben, die detaillierte Beschreibung seines blau-weißen Traumhauses, die in *Architektur & Wohnen* sicher zwei klein gedruckte Seiten eingenommen hätte.

Als Jonas bezüglich der farblichen Komposition der beiden Kinderzimmer eine kurze Denkpause einlegte, entschuldigte sich Marja und flüchtete im Schweinsgalopp auf die Toilette. Dort kauerte sie sich in ein glänzendes Chromverlies und holte tief Luft.

Bestimmt 15 Minuten habe sie gebraucht, um ausreichend Kräfte zu sammeln, wieder an den Tisch zurückzukehren, erzählte sie mir ein paar Tage später. 15 Minuten, in denen sie ihre erste zufällige Begegnung mit Jonas in dieser Bar und die beiden Telefongespräche bis zu diesem Abend noch einmal rekapitulierte: »Er war freundlich und sah nett aus. Er machte eine lustige Bemerkung über Kuppelpapst Kai Pflaume und schrieb am Ende des Abends seine Telefonnummer mit Bleistift auf einen Bierdeckel, statt mir großspurig seine Visitenkarte in die Hand zu drücken«, sagte sie.

»Es war wirklich alles okay mit ihm.« Marja schüttelte den Kopf. »Wie sollte ich denn ahnen können, dass er so ... so ein ...«

»... ein Idiot ist?«, half ich aus.

Marja nickte schon beinahe zustimmend, doch dann wischte sie meine Bemerkung schwungvoll vom Tisch und widersprach: »Nein, das stimmt so nicht«, sprach sie huldvoll. »Ein Idiot ist Jonas ja eigentlich nicht. Er hat mir eher Leid getan. Er schien so *verzweifelt* auf der Suche zu sein!«

Ich kenne Marja seit Jahren, und ich weiß, welche Vorstellungen sie vom Leben hat. Marja will auf jeden Fall heiraten, auch wenn inzwischen in deutschen Großstädten jede zweite Ehe geschieden wird. Marja träumt von mindestens zwei Kindern, ein Garten wäre fein, und wenn sie sich zwischen einem Reiheneckhaus und einem schwedischen Holzhaus entscheiden müsste, fiele ihr die Wahl nicht schwer. Punkt für Sverige! Selbst den Bunker im Garten hätte sie unter anderen Umständen locker weggesteckt, ohne mit der Wimper zu zucken – Marja ist ein tolerantes Mädchen, das die schrulligen Eigenheiten ihrer Freunde gern liebenswert findet, statt sie ihnen austreiben zu wollen. Eigentlich also Gründe genug, einmal vorsichtig nachzufragen, warum sie Jonas denn nicht um den Hals gefallen ist in diesem Restaurant, bei Kerzenlicht und seiner gesäuselten Langzeitprognose der perfekten Beziehung? Genau das sei es doch, was sie immer haben wollte: Kinder, Häuschen und ein Mann mit einem Plan!

Vielleicht hätte ich doch besser noch mal einen Moment über meine Worte nachgedacht. Marja sprang mich an wie ein Pitbull seinen Beißring. »Hast du den Endruck, dass ich so eine Art Ladenhüter bin?«, sprach sie, und wenn es nicht meine Freundin Marja gewesen wäre, dann hätte ich es an dieser Stelle keifen genannt. »Glaubst du, ich habe es nötig, mich auf den erstbesten Mann zu stürzen, der zufällig Bausparer ist und sein Seelenheil in der Fortpflanzung findet? Bin ich so unvermittelbar, habe ich irgendwas im Gesicht, dass du offenbar glaubst, ich müsse schon zufrieden sein, wenn so ein Schwallkörper mich als Projektion für seine Försteridyllen überrennt? Ein Typ, von dem ich nicht mal weiß, ob er einen Lieblingsfilm hat, wo er seine Socken kauft und ob er mich gern mit Handschellen an den Wäschetrockner fesseln würde?

Glaubst! Du! Das?!«

Ich warf mich kampflos vor ihr auf den Boden und winselte leise. Man muss wissen, wann der richtige Zeitpunkt für einen würdevollen Rückzug gekommen ist. Zum Glück muss Marja über solche Aktionen immer lachen, selbst an diesem Abend. Kurz darauf trollte ich mich körperlich unversehrt und dachte wieder einmal darüber nach, welch merkwürdigen Gesetzen die Anbahnungsriten der Liebe zwischen den Geschlechtern folgen.

Denn eines ist sicher. Jonas wäre ein ernst zu nehmender Kandidat *gewesen*. So prinzipiell. *Jeder* hat eine wirkliche Chance, der es vom ersten Kontakt bis zu einer offiziellen Verabredung bringt. Jonas hatte sogar das allerhöchste Hindernis schon übersprungen: den ersten Flirt! Der erste Kontakt, bei dem beidseitig im Blitzcheck herausgefunden wird, ob es überhaupt eine gemeinsame Kommunikationsebene gibt und man unter Umständen tatsächlich füreinander infrage kommt. Jonas hatte diese gefährliche Klippe mit freundlichem Dauerlächeln und einem gemeinen Scherz auf Kosten des deutschen Nationalkupplers Kai Pflaume locker gemeistert. Der glückliche Umstand, dass er gar nicht im Besitz von Visitenkarten *ist*, die er protzig überreichen könnte, brachte ihm bei Marja dann zusätzlich noch ein paar Punkte ein. Aber ein bisschen Glück gehört auf der Balz dazu. Romantiker nennen das rückblickend *Schicksal*! Unter Umständen hatte Jonas sogar den Riechtest schon gemeistert, der potenziellen Partnern olfaktorisch suggeriert: Hier geht einiges!

Den Riechtest kennen Sie nicht? Oh, ich sehe schon, wir müssen bei den Grundlagen anfangen. Das fällt unter Biochemie der Liebe, und wenn Sie keine Lust haben, in Ihrer Freizeit ein bisschen Volkshochschule zu absolvieren, dann überlesen Sie die folgenden Zeilen einfach bis zum nächsten Absatz.

Sie sind noch da? Sehr brav. Also, der Riechtest. Es gibt die These, dass jeder Mensch einen Eigengeruch hat, der auf andere Menschen wirkt. So oder so. Pheromone werden diese Signalstoffe genannt, die unterschwellig bei der Partnerwahl eine nicht ganz unwichtige Rolle spielen sollen. Jemanden nicht »riechen« zu können scheint ein Warnmechanismus der Natur zu sein – Leute mit einem ähnlichen Genpool haben nämlich auch eine ähnliche Aura, um es vorsichtig auszudrücken, und das wirkt auf einen potenziellen Partner überhaupt nicht anziehend. Hintergrund: Je unterschiedlicher die Gene beider Partner bei der Fortpflanzung sind, umso besser arbeitet das Immunsystem bei den aus dieser Verbindung hervorgehenden Nachkommen. Hätten wir das auch geklärt.

Womit wir auch schon wieder beim gut riechenden Jonas sind und seiner perfekten Ausgangssituation, die er schließlich so leichtfertig aufs Spiel setzte. Und womit? Mit Ungeduld. Mit dem fehlenden Gespür dafür, dass es beim Flirt, beim ersten, scheuen Abtasten von Frauen und Männern, nicht immer ratsam ist, gleich alle Karten auf den Tisch zu legen.

Denn, ob Sie das hören wollen oder nicht: Beziehungen werden nach marktwirtschaftlichen Gesetzen geschlossen, werden gehandelt wie Zitronen oder Kühlschränke. Jeder versucht sich an den Mann oder die Frau zu bringen, die es *wert* ist. Heißt: Ein unbeliebter, dummer und nicht wirklich schöner Mann wird es kaum zum ständigen Begleiter von Julia Roberts bringen. (Vergessen Sie Lyle Lovett, diesen Countrysänger mit der Pinocchio-Nase, der hat es ja nun wirklich nicht lange gemacht...) Stattdessen wird er eine Partnerin suchen, die sich in Sachen Status, Schönheit und IQ in der gleichen Liga aufhält, das wird Ihnen jede Untersuchung bestätigen. Kein Mann »verliebt« sich in eine Frau, die – aus seiner Perspektive – nicht respektabel, nicht begehrenswert ist und um die er nicht auch ein bisschen kämpfen müsste.

Das gilt natürlich auch umgekehrt. Marja war an diesem Abend in dem kleinen, romantischen Restaurant vermutlich gar nicht abgeneigt, sich in Jonas zu verlieben. Warum sonst sollte sie sich mit ihm auf ein intimes Abendessen einlassen? Das aber hätte sie auf Nachfrage nie offen eingestanden. Am Anfang einer aufkeimenden Liebesbeziehung ist schließlich alles ein Spiel: Jeder erzählt ein bisschen von sich, macht sich besser, schöner, begehrenswerter. Menschen betreiben Schattenboxen und werfen nur die schönsten und schmeichelhaftesten Ideen von sich in einen imaginären Ring. Nach dem Gong wird in beiden Lagern zusammengezählt: Ist er es wert? Ist sie es wert?

Was aber soll man von einem Menschen halten, der sich gleich vor einem in den Dreck wirft und sich anbietet wie ein Ferkel mit einem Fehler? Fürs ganze Leben! Wo ist der Haken an diesem Typen, mag Marja gedacht haben, wenn er es nötig hat, sich und seine ernsten Absichten so offen und eindeutig wie ein Fischverkäufer vor mir auszubreiten? Was ich so leicht haben kann, wird sie gedacht haben, das kann nichts wert sein. Hätte er doch wenigstens behauptet, er sei etwas bindungsängstlich, brauche viel Freiraum für sich und eigentlich nicht so leicht zu knacken – schon hätte Marja diesen gut aussehenden Jonas mit ganz anderen Augen gesehen: als Herausforderung nämlich, als echte Aufgabe. Statt sich am Ende eines kurzen Abends die Rechnung zu teilen wie zwei schwäbische Versicherungsangestellte, hätten beide gute Chancen gehabt, sich im dunklen Hauseingang vor Marjas Wohnung tief in die Augen zu schauen und herauszufinden, ob sich zehn Jahre Knutscherei mit den unterschiedlichsten Menschen irgendwie bezahlt gemacht haben.

Marja und ich haben noch oft über diesen Abend mit Jonas gesprochen. Er ist immer noch Single, hat sie erfahren, schon seit mehr als einem Jahr.

»Eigentlich ist er wirklich ein netter Kerl«, meint sie inzwischen mit dieser schwer erträglichen Gönnerhaftigkeit einer Frau, die es sich leisten kann, so begehrenswerte Männer wie Jonas abblitzen zu lassen… »Er sollte nur mal seine Kommunikationspolitik überdenken«, erklärt sie mir. »Der Mann braucht eine Image-Beratung, dann wird er schon eine Freundin finden.« Und weil Marja ein freundlicher Mensch ist, wie erwähnt, hat sie für Jonas eine Liste angefertigt. Eine Liste der Dinge, die er beim ersten Rendezvous auf keinen Fall sagen oder tun soll. Sie wird ständig erneuert und überarbeitet, diese Liste, aber ich habe Marja bisher gerade noch davon abhalten können, sie an Jonas zu schicken, obwohl sie es sicher nur gut meint… Übrigens hat sie mir auch so eine Liste abgerungen. Ich sei schließlich aus dem anderen Lager und Männer und Frauen würden doch immer unterschiedliche Fehler machen. Nun …

Für Jonas
No Gos beim ersten Date

- Nie die Stammkneipe auswählen. Zu viele Bekannte mit zu viel peinlichem Insiderwissen.
- Keine Witze oder Anzüglichkeiten zum Thema Sex. Und erst recht keinen Hinweis darauf, lange keinen gehabt zu haben. Keine Frau wird sich aus Mitleid verzehren und sich geehrt fühlen, wenn sie auf dem Friedhof tanzen soll.
- Keine Witze, keine lustigen Bemerkungen am laufenden Band. Die Dame hat ein romantisches Abendessen gebucht, wenn sie zu Helge Schneider gewollt hätte, wäre sie im Kabarett!
- Nicht ununterbrochen blubbern. Frauen schätzen es, wenn ihnen zuweilen jemand zuhört.
- Nicht ununterbrochen schweigen. Frauen schätzen es nicht, wenn sie das Gefühl haben, dass sie in eine Wüste rufen.
- Keine Geschichten über Schalke 04. Die Bereitschaft von jungen Frauen, sich bei der ersten Verabredung über ballorientiertes Verschieben im Halbfeld aufklären zu lassen, ist noch geringer, als man gemeinhin denkt.
- Keine getrennten Rechnungen. Lassen Sie sich nichts erzählen: Geiz ist überhaupt nicht geil!

- Nicht nur Evian und Salat! Das öde Gestocher im grünen Kraut macht sich im Restaurant bei Kerzenlicht extrem unerotisch und schürt nicht unbedingt die Vorfreude auf sinnliche Genüsse aller Art.
- Nicht diese Frage! Nicht beim ersten Mal, möglichst auch nicht in den ersten Monaten, aber das wäre wohl zu viel verlangt. Aber nicht an diesem Abend: »Du-hu, willst du eigentlich später mal Kinder?«
- Kein Handtäschchen, das kleiner ist als ein Gebetbuch. Plus: kein öffentlicher Einsatz der Schminkutensilien aus dem Handtäschchen, das kleiner ist als ein Gebetbuch.
- Kein irritierender Ausschnitt. Wer mit einem Mann ein Gespräch führen will, sollte wenigstens alle fünf Minuten einmal Augen-Kontakt erwarten können.
- Keine bohrenden Fragen nach der letzten Gehaltsabrechnung. Da kommt bei dem jungen Mann leicht der Verdacht auf, dass Sie sich als Jungunternehmerin im Power-Meeting sehen und eine Art Hormondeal abschließen wollen.

Nur noch auf einen Kaffee mit hoch?

Viele Wege führen nach oben.
Einige aber nicht

»Ein Kuss würde alles verändern, die Berührung zwischen ihrer und meiner Haut würde unsere Positionen unwiderruflich verändern, indem sie dem verschlüsselten Sprechen ein Ende machte und den Subtext für gültig erklärte. Doch als wir vor der Türe des Hauses 23a in der Liverpool Road standen, ich eingeschüchtert durch all die Gefahren, die Zeichen falsch zu deuten, kam ich zu dem Schluss, dass der Moment, eine metaphorische Tasse Kaffee vorzuschlagen, noch nicht gekommen war.«

Alain de Botton, *Versuch über die Liebe*

In den USA ist alles einfacher. Dort gibt es so genannte *dating rules*, die vermutlich schon auf der Mayflower formuliert wurden und an denen sich erstaunlicherweise eine Menge Amerikaner orientieren. Jedenfalls, wenn man den vier Amazonen aus *Sex and the City* glaubt und den wenigen amerikanischen Staatsbürgern, die man persönlich kennen gelernt hat. Diese *dating rules* sind arg verzwickt und für uns im alten Europa nur schwer nachvollziehbar. Sie sind widersprüchlich und orientieren sich an archaischen Paarungsritualen, sie sind darauf angelegt, tradierte Rollenmuster zu verstärken und, ja ja, sie sind gewiss auch der Ausdruck einer gewissen Fantasielosigkeit. Für einen aufgeweckten, spontanen Mitteleuropäer sind sie die Pest. Eigentlich.

Um eine dieser ehernen Regeln aber beneide ich alle Kens und Barbies sehr. Sie lautet: Wenn man nach dem ersten Date miteinander ins Bett geht, wird aus der ganzen Sache *nichts*. Jedenfalls nicht mehr als eine Bettgeschichte. Hat man es nach dem dritten Date aber noch nicht ins Gemach geschafft, wird aus der ganzen Angelegenheit nichts *mehr*. Das klingt absurd für deutsche Ohren, das mag sein, aber der Amerikaner mag es in vielerlei Hinsicht etwas simpler. Ich kann es ihm nicht verdenken. Nicht in dieser Hinsicht.

Daten in Europa ist wie Autorennen im Nebel. Entweder man rast irgendwann mit Vollgas gegen eine Wand und ist hinterher eine Weile damit beschäftigt, die Trümmer zusammenzukehren, die früher mal das eigene Selbstbewusstsein waren. Oder man findet wie durch ein Wunder eine Lücke im scheinbar undurchdringlichen grauen Dunst und rast ungebremst in den hormonellen Garten Eden. Das fühlt sich dann für einen kostbaren Moment wirklich fein an. *Wie* man dieses Manöver im Detail bewältigt hat, weiß später leider niemand mehr so genau. Retrospektiv angefertigte Skizzen und Gedächtnisprotokolle führen beim Versuch, dieses Kunststück beim nächsten Flirt zu wiederholen, dann folgerichtig in die Irre, oder besser: wieder frontal an die Wand.

Glückliche Amerikaner. Sie haben einfach ein paar

Anhaltpunkte mehr. Ihr Pragmatismus lässt sie auch in emotionalen Disziplinen funktionieren wie Roboter. So wie beim Dating-Dreierschlag, wie wir ihn kennen: Ein erster Drink nach der Arbeit. Ein Kinofilm in der folgenden Woche mit dem ersten Kuss vor dem wartenden Taxi. Das romantische Abendessen mit der abschließenden Frage: »Kommst du noch auf einen Kaffee mit nach oben?« That's it. Ein ritualisierter Ablauf mit einer simplen, für jeden Teilnehmer nachvollziehbaren Dramaturgie.

Natürlich sind Amerikaner im Durchschnitt auch nicht wesentlich promisker als unsereiner, das wohl kaum. (Auch wenn der Brauch, mehrere Partner gleichzeitig zu daten, bis man was »Festes« an der Hand hat, sich hierzulande noch nicht durchgesetzt hat ...) Aber sie haben diesen Verhaltenskodex, an den sie sich halten können, der ihnen lästige Interpretationen erspart und eine Reihe Möglichkeiten einräumt, bei der Partnersuche auf halbem Weg wieder auszusteigen – ohne den gefürchteten Gesichtsverlust.

Deutliche Signale, klare Antworten – das Muster hat sich bewährt:

ER bittet Sie um ihre Telefonnummer.

SIE wartet auf seinen Anruf.

ER lässt sich Zeit mit seinem Anruf bis zu einem unscheinbaren Wochentag, dann lädt er Donnerstag oder Freitag zum Drink nach Feierabend. Am Ende des Abends sagt ER, wie sehr es ihm gefallen hat, auch wenn das Gegenteil der Fall ist, und dass er wieder anruft, auf jeden Fall. Was er vielleicht auch macht. Wenn nicht, wartet SIE etwa eine Woche am Telefon, um dann ihren Freundinnen von einer Niete *mehr* zu berichten und ihn von der Liste der verfügbaren Single-Männer mit Potenzial zu streichen, die sie wöchentlich aktualisiert wie einen Einkaufszettel. WENN er wieder anruft, und SIE beim ersten Treffen nicht vor Langeweile in komatöse Wachstarre gefallen ist, verabreden sich beide zu einem Kinofilm in der Mitte der folgenden Woche. (Bei Ostküstenintellektuellen käme auch Theater in Frage oder eine Vernissage mit einem Künstler, der anwesend ist und einen komischen Anzug trägt. Im Mittelwesten wäre es Bingo oder eine Square-Dance-Veranstaltung im Billardlokal des Nachbarortes.) In welchem Teil des Landes auch immer wird ER jedenfalls im passenden Moment nach ihrer Hand greifen oder etwas vergleichbar Vertrauliches anstreben, um herauszufinden, ob SIE sich am Ende des Abends küssen lassen wird. Tut sie das, wird ER sagen, dass er lange keinen so schönen Abend mehr hatte. Er wird ihr weiterhin beteuern, dass er sie in den nächsten Tagen anrufen und sich das kommende Wochenende im Geiste schon einmal freihalten wird, um an jenem Abend nach einem romantischen Diner schließlich Sex zu haben mit einer Frau, für die er dann genau drei Abende investiert haben wird.

Lässt SIE sich hingegen NICHT küssen, was sie damit entschuldigt, dass ihr das alles zu schnell ginge, bewahrt ER Haltung. Er *versteht* sie ostentativ und wird trotzdem behaupten, dass er lange keinen so schönen Abend mehr hatte. Er wird ihr auch sagen, dass er sie in den nächsten Tagen anrufen wird, obwohl er nicht einmal mehr daran denkt, ihre Nummer aufzubewahren, und er wird sich das kommende Wochenende im

Geiste schon einmal freihalten, um mit seinen Buddies um die Häuser zu ziehen. Vielleicht springt ja die ein oder andere *neue* Telefonnummer dabei heraus.

Aber denken wir mal positiv, um nicht zu sagen amerikanisch: Dann läuft bis hierhin alles glatt und wir befinden uns beim *finalen* Date. Am Ende dieses entscheidenden Termins, wenn die Lebensgeschichten erzählt und die Meeresfrüchte gegessen sind, wird ER ihr tief in ihre Augen schauen und sie bitten, noch auf einen Drink mit zu ihm zu kommen. Der Subtext ist so deutlich definiert und übereinstimmend akzeptiert, dass er eigentlich schon kein Subtext mehr ist. Vermutlich wird SIE ihn nun küssen, da die Situation nun geklärt und das Unvermeidliche ausgesprochen ist, und zum baldigen Aufbruch drängen, und es ist beruhigend gewiss, dass sie Kondome eingesteckt und sich die Härchen von den Beinen geschabt hat.

Natürlich besteht ein winziges Risiko, dass beim abschließenden Abendessen noch irgendetwas schief läuft – dass *seine* drei kleinen Kinder ins Restaurant stolpern oder die Rede auf eine seltene Geschlechtskrankheit kommt, die *sie* gerade überstanden hat. In der Regel aber ist der Ablauf für die beiden beteiligten Lager klar umrissen. Sie haben sich glücklich über die ersten Runden geschleppt, sie sind vermutlich zumindest ein bisschen füreinander entbrannt, und auch wenn beide auch noch weit davon entfernt sind, an eine Beziehung zu denken, so wissen sie doch sehr genau, was sie sich nun verdient haben: SEX. Den ersten, spannenden, prickelnden, manchmal desaströsen, aber doch wohl immer: unverzichtbaren Sex. Das wusste selbst die große Berliner Sängerin Lotti Huber auch noch mit 80 Jahren, sie sang fröhlich: »Aber das absolute Muss, das ist der Ko-i-tus!« Und erst *danach* sehen sie dann mal weiter, unsere amerikanischen Freunde.

Leider läuft das bei uns alten Europäern nicht so unkompliziert. Wir sind ein bisschen stolz darauf, nicht ganz so simpel zu funktionieren und stattdessen über ein subtileres, womöglich differenzierteres Gefühlsleben zu verfügen. Das hat uns Filme von Wim Wenders und Tom Tykwer eingebracht, und den Drang, das ewig unausrottbare Bedürfnis nach Sex, Liebe und Leidenschaft mit idealistischen Projektionen und einer Menge Selbstbetrug aufzuladen. Aber es hat uns in erster Linie in verzwickte Situationen manövriert, die wir uns alle besser erspart hätten. Es hat zu langen, zähen Diskussionen über unsere seriösen Absichten geführt, die sich im Nachhinein anfühlten wie Verhandlungsrunden in einer störrischen Gewerkschaftsrunde. Es hat uns zu Bekenntnissen getrieben, die dem Status quo einer gerade erst scheu aufkeimenden Liaison nicht entsprachen, es hat unseren unschuldigen Flirts oft genug die absichtslose Leichtigkeit genommen.

Und mit welchem Ergebnis? Sind unsere Beziehungen, unsere Verhältnisse, unsere Lieben gehaltvoller gewesen, intensiver, weniger ... nun ja: *oberflächlich*? Keineswegs. Es hat nur ein paar mühsame Umwege über felsiges Gelände gekostet, aus einem Flirt überhaupt erst ein Verhältnis zu machen. Physiker nennen so etwas Energieverschwendung.

Denn mal ehrlich: Im Grunde war die Wiese doch schon relativ früh gemäht, wenn hier mal mit einem

Bild aus der Agrarwirtschaft gearbeitet werden darf. Nicht anders als in New York, Los Angeles oder San Francisco erkennen auch zwei füreinander entflammte junge Menschen aus Wülfrath oder Melsungen schon früh die Unausweichlichkeit ihres Annäherungsprozesses. In *BRAVO* hieße die Umsetzung dieser emotionalen Gemengelage im Fotoroman schlicht: »Der Tobi und die Mascha sind extrem scharf aufeinander!«

Das ist natürlich nichts, womit *wir* uns identifizieren können. *Wir* quälen uns lieber durch *Psychologie heute* und erfahren dort, dass die spürbare Anziehung von Tobi und Mascha früher oder später wohl zu einer körperlichen Verschmelzung führen dürfte, wenn es den beiden denn gelingt, sich als eigenständige Persönlichkeiten voneinander abzugrenzen und nicht als anonyme erotische Projektionen ihres Gegenübers konsumiert zu werden …

Man kann sich mit etwas Fantasie vorstellen, wie eine solche Annäherung aussieht. Zwei Menschen, die sich attraktiv finden und es einfach mal miteinander versuchen sollten, fräsen sich durch die gastronomischen Einrichtungen ihrer Heimatstadt und die Irrungen, Wirrungen ihres jungen Lebens. Sie schütten sich warmen Rotwein hinter die Binde, bis die Magensäfte rebellieren, schreiben sich alberne Gedichte und erkunden die örtlichen Wanderwege mit der Hingabe von Bergziegen. Sie verbringen schubbernd Stunden in einem Renault Twingo und knutschen sich die Haut von den Lippen, sie führen nächtliche Gespräche und verabreden sich gegen drei Uhr morgens spontan zum Nacktbaden am Baggersee. Und selbst dann soll es schon Paare gegeben haben, die sich anschließend verzweifelt vor Anziehung und Anspannung in die Augen geblickt haben und doch nicht in der Lage waren, den entscheidenden Satz auszusprechen: »Kommst du noch mit zu mir?«

Natürlich kann man so einen »Annäherungsprozess« auch schön finden. Das geschieht meistens im Nachhinein, wenn man beduselt vom eigenen Glück verklärt zurückblickt auf die sechs Wochen, *in denen alles begann*. In Wahrheit waren diese sechs Wochen die Hölle. Adrenalinschocks in unverträglichen Dosen, Selbstzweifel, Angst und ins Leere laufender Überschwang – so was hält doch kein normaler Mensch aus. Zumal er weiß: Irgendwann gibt's kein Zaudern mehr, irgendwann wird man mit der Sprache herausrücken müssen. Und wer zu lange auf den perfekten Moment wartet, den hat das Leben schon häufig bestraft …

Wohl dem, der eines dieser modernen Handys besitzt, mit denen man auch Fotos versenden kann. Sie kennen ja vermutlich diesen Werbespot, in dem zwei süße Teenies vor *ihrer* Haustüre herumknutschen, sich aber nicht trauen, aufs Ganze zu gehen. Kaum ist sie in ihrer Wohnung, sprintet sie zur Kaffeemaschine und brüht einen Kaffee. Anschließend fotografiert sie das Gebräu für ihren jungen Freund mit dem Handy, was flugs zum dampfenden Sexversprechen mutiert. Der junge Mann, der inzwischen an einer Bushaltestelle seiner vergebenen Chance nachtrauert, versteht die Kaffee-Metapher natürlich sofort. Es ist die perfekte, unmissverständliche Einladung – und das alles nonverbal.

Ich hatte schon immer den Verdacht, dass modernes Equipment das Leben vereinfacht. Wobei ich mich frage: Was hätte der junge Mann gedacht, wenn ihm statt der Tasse Kaffee das Bild eines frisch gebrühten Yogi-Tees zugesimst worden wäre oder vielleicht sogar eine heiße Schokolade? Wäre er dann auch fröhlich aufgesprungen und hätte *gewusst*, dass jetzt die Nacht kommen würde, auf die er so lange gewartet hat? *Ich* glaube das nicht. Die Symbolkraft einer Tasse Tee hätte vielleicht gerade noch ausgereicht, um ihn zur Rückkehr zu bewegen, aber alles, was er sich davon versprochen hätte, wäre eine späte Scrabble-Session gewesen oder die gemeinsame Lektüre eines Jane-Austen-Schmökers. Und das Einzige, was er in dieser Nacht noch ausgezogen hätte, wären seine Schuhe gewesen – der Flokati ...

Der Unterschied zwischen einer Tasse Kaffee und einem Pott Tee mag objektiv so groß nicht sein, aber in diesem besonderen Kontext reden wir von Paralleluniversen. Wer diese Feinheiten nicht versteht – und bei den Paarungsriten fortpflanzungsreifer junger Menschen gibt es Tausende dieser Kaffee- und Tee-Probleme –, der dürfte Schwierigkeiten haben, sich in dem komplexen Kosmos aus Andeutungen, Einladungen und Zurückweisungen zurechtzufinden. Es sei denn, er trifft auf Menschen wie Susanne Bartsch, die Hannoveraner Schriftstellerin (*Familienquiz*), die stets für klare Verhältnisse eintritt: »Natürlich gehe ich mit einem Mann schon nach dem ersten Date ins Bett. Sonst geht's mir am Ende wie meiner Freundin Ilona. Die hat sich einen Typen, nennen wir ihn Freddy, in ihre perfekt eingerichtete Küche gesetzt. Wochenlang, obwohl sie gar nicht kochen kann. Sie hat sich für ihn abgetaut, in jeder Hinsicht. Und zur Belohnung ist sie dann gleich wieder schockgefrostet worden – als es dann endlich zum ersten Beischlaf kam. Da erwies sich Freddy nämlich als Langweiler allererster Güte ...«

Der erste Sex

Sogar schön noch schlimm

»Liebe ist die Antwort. Aber während wir drauf warten, stellt Sex schon einmal ein paar interessante Fragen.«
Woody Allen

Ich habe ein gewisses Verständnis für Extremsportler. Natürlich habe ich keine Ahnung, was es wirklich bedeutet, einen Bungeesprung zu wagen, über brennende Kohlen zu laufen oder beim Wildwasserrafting durch reißende Stromschnellen zu driften. Aber ich weiß, wie sich so ein Extremsportler in diesem einen entscheidenden Moment fühlt. Ich spreche von der Sekunde, in der alles in ihm schreit: NEIN. LASS DIESEN BLÖDSINN! DAS KÖNNTE IN DIE HOSE GEHEN!, aber die Logik der Situation, in die er sich bis hierhin manövriert hat, ihn unaufhaltsam über den *point of no return* hinausschießen lässt. Er *wird* springen, und zwar ziemlich bald, er wird über Kohlen laufen und sich in sein schlingerndes Boot werfen. Und er wird hoffen, dass er dabei irgendwie überlebt und unter Umständen sogar noch etwas Spaß hat.

Genauso funktioniert Sex mit einem Menschen, den man bisher nur bekleidet kennt.

Natürlich geht's nicht ums Überleben im physischen Sinne, obwohl sich der greise Ehemann von Anna Nicole Smith damals sicher entsprechende Gedanken gemacht hat. Es geht mehr oder weniger darum, herauszufinden, ob zwei Menschen *wirklich* zusammenpassen, ganz und gar, ob sie in der Lage sind, sich Spaß zu bereiten, ob es sich gut anfühlt, was da miteinander angestellt wird, und ob man hinterher das Verlangen hat, einen riesigen Blumenstrauß zu besorgen oder lieber auf dem schnellsten Weg das Land verlassen will.

Ich spreche von *Druck*.

Der erste Sex ist für die sich anbahnende Beziehung so etwas wie eine Zwischenprüfung, mit dem Unterschied, dass man sie in diesem Fall liegend absolvieren kann. Der andere Unterschied ist, dass die beteiligten Personen Prüfer und Prüfling zugleich sind und der Lehrstoff nicht effektiv einstudiert werden kann. Mein Freund Greumel hat noch eine andere Theorie. Er hat bei Frauen Erfolg und reklamiert in dieser Hinsicht eine gewisse Kompetenz für sich. Er behauptet, dass der erste Sex mit einer neuen Partnerin wie der Konsum einer Droge sei, die man noch nie ausprobiert hat. Man sei total scharf drauf, dass Zeug endlich einzuwerfen, habe aber gleichzeitig die Hosen voll: »Du weißt doch nie genau, was dir da angedreht worden ist und ob dein Körper das Zeug verträgt!«

Greumel ist ein Philosoph des menschlichen Miteinanders und hat für den erfolgreichen Erstkontakt mit der neuen, großen Liebe natürlich viele wichtige Ratschläge parat: »Spiel nie das ganze Lied in der ersten Nacht!«, lautet einer, den ich nie vergessen werde. Vermutlich, weil ich ihn lange Jahre nicht mal verstanden habe. In dieser Zeit habe ich nämlich in der ersten Nacht nicht mal die erste Strophe meines musikalischen Repertoires vortragen können, ohne disharmonisches Chaos anzurichten. Ehrlich gesagt habe *ich* meistens schon die Ouvertüre versaut.

Oder was würden Sie von einem Typen halten, der Sie gerade mit dem obligatorischen Kaffeeversprechen in seine Wohnung gelockt hat und der dann um drei Uhr nachts tatsächlich Kaffee aufbrüht? Ganz schön blöd, werden Sie denken, und – hey – da sind wir schon zwei. Ich dachte das nämlich auch immer, während ich bei Neonlicht in unserer prokeligen WG-Küche auf das glucksende AEG-Gerät starrte und hoffte, die Scheißmaschine würde das Gebräu unter Hypnose vielleicht etwas schneller produzieren. Aber was sollte ich machen – ich bekam einfach den Anfang nicht hin. *Den* Moment.

Es dauerte dann meistens rund 30 Minuten, bis wir wieder aus der Küche rauskamen, meistens unter dem Vorwand, jetzt aber mal dringend etwas Musik aufzulegen. 30 Minuten können ziemlich lang sein, wenn die Uhr a. bereits 3.15 Uhr anzeigt und b. zwei Menschen sehr konzentriert daran denken, dass sie jetzt langsam mal einen schönen Vorwand finden sollten, um sich in die Arme zu fallen. Heute hätte ich gern eine Abschrift der Dialoge, die in diesen Phasen der dräuenden Brunft ausgetauscht worden sind – vermutlich würde Helge Schneider unredigiert Hörspiele daraus machen und eine Menge Preise damit einheimsen. Gnädigerweise verweigert mein Gedächtnis auch nur die Wiedergabe kleinster Textausschnitte. Mein Erinnerungsvermögen setzt erst wieder in dem Moment ein, in dem ich vor meiner Stereoanlage stehe und hektisch nach einem passenden Soundtrack suche. Ich bin in musikalischen Dingen kein ernsthafter oder gar geschmackssicherer Mensch, was vermutlich daran liegt, dass ich mit Sweet aufwuchs und später auf Genesis umschwenkte. Es ist mir noch nicht mal mehr peinlich, woran ich erkenne, dass mein Reifeprozess vorangeschritten sein muss. Jedenfalls mutete ich meiner allerersten Freundin in den ersten Monaten unserer Bekanntschaft beim Sex immer den Soundtrack von *Bilitis* zu. Inzwischen werte ich das als Fehler, auch im Hinblick auf den Charakter unserer sexuellen Begegnungen. Später stand ich dann in *diesen* Nächten vor meiner Anlage und ging auf Nummer sicher. Ich entschied mich abwechselnd für Prince, Prefab Sproud oder Händels *Wassermusik*. Das spricht nicht für ausgeprägte Originalität, erschien mir aber auch nicht völlig plump und so eindeutig ergebnisorientiert. Musikalische »Dosenöffner« – wie mein Freund Greumel seine vermeintlich aphrodisierenden Mixcassetten nannte – vermied ich jedenfalls, schon um der inneren Hygiene willen. An guten Abenden suchte sich meine Begleiterin ihre persönlichen Favoriten selbst aus, was mir immerhin die Sorge nahm, sie würde zu einem späteren Zeitpunkt der Nacht meine Musikauswahl unpassend oder sogar peinlich finden und sich albern lachend von mir abrollen.

Aber das waren Luxussorgen.

In den entscheidenden Momenten hatte ich ganz andere Probleme. Wie brachte ich die ganze Chose endlich ins Rollen? Sollte ich mich von hinten anschleichen und mich an sie drücken wie an ein verschollen geglaubtes Sippenmitglied in einem Flüchtlingslager? Nein. Lieber nicht. Von hinten – das könnte doch so aussehen, als sei ich der örtliche Parkhausgrabscher. Vielleicht sollte ich sie einfach *fragen*, ob ich sie küssen dürfe? Auch nicht besser. Was war, wenn sie sich über mich lustig machte und verlangte, ich möge doch am besten gleich einen schriftlichen Antrag einreichen?

Meistens löste ich das »Problem«, indem ich mich unter einem meist peinlichen Vorwand (»Du hast da was an der Nase…«) sehr, sehr nah an mein Zielobjekt heranpirschte und dann ruckartig zum Angriff überging. Das war dann in etwa so romantisch wie der Einmarsch in Polen, doch wenn eine junge Dame um 5.45 Uhr damit *rechnet*, erobert zu werden, ist selbst bei dieser Verführungsvariante wenig Widerstand zu erwarten. Klackern dann die Zähne beim ersten Kuss endlich wie Eisenbahnschwellen aufeinander, läuft der Rest von allein. Der Moment, in dem der Bungeespringer über den Rand der Brüstung hinaustritt, der erste Fuß auf die brennenden Kohlen gesetzt wird und das Boot vom Ufer in den reißenden Fluss geschoben wird, das sind die Punkte, die überschritten werden müssen. Danach ist alles gut. Oder besser: Danach gibt es kein Zurück mehr – und es bleibt auch keine Zeit, noch lange über einen geordneten Rückzug nachzudenken. Jetzt gilt es nur noch, eine möglichst gute Figur zu machen, in jeder erdenklichen Hinsicht. Während der erste Kuss noch in vollem Gange ist und bereits erste Eindrücke verarbeitet werden – haben wir es mit einem wilden Wirbler zu tun, einem Einnässer oder Lippenbeißer? –, hantieren isolierte Gliedmaßen bereits an entfernteren Körperregionen und erkunden unbekanntes Terrain. Plötzlich muss alles ganz schnell gehen. Eine Mischung aus Scham, dem vagen Gefühl, morgen doch ganz schön früh rauszumüssen, und nackter Gier führt nun zu erhöhtem Tempo, was aber in der einschlägigen Literatur gern mit »Leidenschaft« umschrieben wird: »Hemmungslos rissen sie sich die Kleider vom Leib und sanken auf das riesige Doppelbett, bevor sie von der Lust gepackt ineinander glitten wie Molche im Bachbett!«, heißt es so oder ähnlich in diesen Heftchen, die das wahre Leben nur vom Hörensagen kennen.

Ich habe das ganz anders in Erinnerung. Wir haben uns zwar auch die Kleider hemmungslos vom Leib gerissen, aber unsere Zwischenzeiten waren deutlich mieser. Entweder verlor ich drei Minuten bei einem der rätselhaften BH-Häkchen, deren Verschlussmechanismen anscheinend immer wieder neu entwickelt werden. Oder ich zerrte erfolgreich am Reißverschluss einer Seidenhose, die gar keinen Reißverschluss hatte, was mir zu nächtlicher Stunde auch schon mal eine Diskussion über die Notwendigkeit einer Hausratversicherung einbrachte. Auch sanken wir nicht aufs weiche Doppelbett, sondern fielen aus großer Höhe auf harte Futons. Das geschah meistens nicht ganz freiwillig. Wir verloren einfach nur das Gleichgewicht, ein Fuß noch im Stiefel, das andere Bein verheddert in einer speckigen Jeans. Es dauerte dann einige peinliche Minuten, bis sich beide Parteien von ihrer restlichen Garderobe befreien konnten, denn offenbar hatte ein unsichtbarer Spielleiter uns die Aufgabe gestellt, dabei auf gar keinen Fall mit dem Küssen aufhören zu dürfen. In Wahrheit war uns natürlich beiden klar, dass wir sofort alle geschlechtlichen Aktivitäten einstellen würden, wenn wir uns nur einen kurzen Moment trennen und realisieren würden, wie lächerlich diese ganze Situation schon aus einem Meter Distanz wirken musste. Also lutschten und schnalzten und schmatzten wir weiterhin »leidenschaftlich« aneinander herum, waren aber in Wahrheit mit nichts anderem beschäftigt, als unsere Aktivitäten unterhalb der Kinnspitze irgendwie zu koordinieren, ohne ihnen offiziell Aufmerksamkeit zu widmen. Diese Verführungssituation hat in der Regel etwas von einem Revierkampf bekiffter Raubtiere in freier Wildbahn. Im Kino habe ich mal so einen Beischlaf-Prolog von Emma Thompson und Jeff Goldblum erlebt. *Das lange Elend* hieß der Streifen, und beim Liebesspiel der beiden Schauspieler ging eine Schlafzimmereinrichtung im Wert mehrerer Monatsgehälter zu Bruch. Na ja, *meiner* Monatsgehälter.

Doch irgendwann sind beide Parteien nackt, und es folgt – nun endlich – das, worum es schon vor acht Stunden, im Restaurant oder in der Disco, *wirklich* ging. Der Sex? Tja, der Sex. Der findet statt, natürlich. Aber mal ehrlich. Wer jemals ein Buch von Philipp Roth gelesen hat, der weiß ja nun, dass es eine erstaunlich große Anzahl von Möglichkeiten gibt, einige wenige Körperöffnungen befriedigend auszufüllen, und wie genau man das möglichst lustvoll zelebriert. Wahr ist aber auch, dass man in den ersten Nächten selten dazu kommt, sich diesen erotischen Spielarten möglichst selbstvergessen hinzugeben. Wahr ist, dass man sich beim Sex in ersten Nächten hauptsächlich mit zwei Krisenherden herumschlägt.

Krisenherd Nummer eins: der eigene Körper. Er

ist nie so austrainiert, wie er sein sollte, funktioniert selten so, wie man sich das wünscht, und ist, so nah und nackt betrachtet, vom eigenen Idealbild ungefähr so weit entfernt wie Bebra von Berlin. Dumm, wenn man sich in einer tendenziell so unsicheren Situation wie bei der erotischen Premierenprüfung durch eine beinahe fremde Person seiner selbst und der dazugehörigen Defizite so deutlich bewusst ist. Das führt zuweilen zu unschönen Ergebnissen. Nicht selten lautet in diesem Fall der letzte Satz: »Ach, das macht doch nichts, das kann doch jedem mal passieren!«

Der Vorteil an einer solchen Entwicklung liegt natürlich auf der Hand: Sie müssen sich am nächsten Morgen keine falsche Telefonnummer ausdenken.

Krisenherd Nummer zwei: der *fremde* Körper. Stellen Sie sich vor, Sie bestellen sich ein komplexes technisches Gerät aus Fernost, das Sie nun in Gebrauch nehmen möchten. Alles, was Sie mitgeliefert bekommen, ist eine deutsche Gebrauchsanleitung, die offenbar ein ambitionierter Techniker aus Osaka mit Hilfe eines kleinen Pons verfasst hat. Diese Gebrauchsanleitung wird Ihnen nun vage eine Richtung vorgeben, in die Sie sich zu bewegen haben, um das besagte Gerät seiner gewünschten Bestimmung zuzuführen. Sie können davon ausgehen, dass Sie auf dem Weg dorthin einigen Missverständnissen aufsitzen und eine Menge unnützer Handgriffe verrichten werden, bis Sie sicher sein können, den richtigen Weg gefunden zu haben. *Falls* Sie ihn finden ...

Ganz ähnlich funktioniert der Sex mit einer Person, die Sie noch nicht erforscht haben, deren Reaktionen Ihnen noch nicht vertraut sind und bei der Sie die richtige – mit Verlaub – Handhabung der vorhandenen Knöpfe einfach noch nicht beherrschen können. Machen Sie sich nichts daraus – der erste Sex mit einem neuen Partner ist ein Testlauf mit einer Menge unbekannter Faktoren und wirkt von außen betrachtet gern mal wie eine Sondersendung von *Pleiten, Pech und Pannen*.

Mein Freund Greumel weiß das genau, und deshalb bemüht er sich gar nicht groß darum, seiner neuen Freundin sonderlich zu gefallen. »Ich sag der schon vorher, dass das erste Mal in die Hose geht! Du solltest mal sehen, wie die sich anstrengen, mir das Gegenteil zu beweisen...!« Mein Freund Greumel ist auch der Typ, der nie das ganze Lied in der ersten Nacht spielt, ich glaube, das hatte ich erwähnt. Auch das ist eine schlaue Strategie, auch wenn er sie etwas blümerant zum Ausdruck bringt. Inhaltlich aber hat Lennart verdammt Recht, denn in ersten Nächten kommt es wirklich nicht so darauf an, dass man die Kapitel 12 bis 24 aus dem *Kamasutra* draufhat und möglichst preiswürdige Verrenkungen unternimmt, nur um etwas Körperflüssigkeit auszutauschen. In der ersten Nacht kommt es nur auf eines an: so nett, so gut und so authentisch zu sein, dass man sich für eine zweite Nacht qualifiziert. Sie glauben gar nicht, wie viele Leute daran scheitern!

Der Morgen danach

Alles so schön schwarz-weiß hier

»Lieber probieren und schlecht machen als gar nichts tun.«

Leo N. Tolstoi, *Tagebücher*

Im Grunde hat Martina nichts gegen Frühstücksbrötchen. Sie ist im bayrischen Hinterland groß geworden und weiß eine solide Grundlage für den Tag zu schätzen. An diesem Tag aber hätte sie die frischen Semmeln am liebsten gegen die Wand geknallt. Die waren nämlich nicht von ein paar fleißigen Heinzelmännchen gebacken und hübsch auf dem Küchentisch drapiert worden, nein – Max hatte sie besorgt. Mit strahlendem Lächeln und einem Blick, der zwischen Brutpflege, Stolz und banger Frage irrlichterte: »Du magst doch Semmeln zum Frühstück?« Martina nickte. Stimmte ja auch.

Netter Zug von ihm!, hatte Martina unwillkürlich noch gedacht, endlich mal einer, der überhaupt zum Frühstück bleiben will ...

Doch wirklich überzeugt war sie nicht. Es war nur das, was Martina in diesem Moment gern nicht nur gedacht, sondern auch gefühlt hätte. Die *halbe* Wahrheit, höchstens. Der andere Teil ihres Bewusstseins, der nämlich, der für alle Entscheidungen in Herzensdingen zuständig ist und der sich von rationalen Argumenten selten beeinflussen lässt, bettelte an diesem Morgen nach dem Aufstehen nur noch um: Ruhe. Stille. Einsamkeit.

Das war ärgerlich. Meine Freundin Martina nämlich ist seit Monaten Single, und sie ist das nicht mal allzu gern. Sie wünscht sich einen Mann in ihrem Leben, und die Vorstellung, mit ihm Bett *und* Frühstückstisch zu teilen, ist ihr nicht grundsätzlich zuwider. Max aber dürfte schlechte Chancen haben, dieser Mann zu werden. Warum? Hat er sich schlecht benommen, war der Sex in der vorausgegangenen »ersten Nacht« grauenhaft, sein Schnarchen anschließend zu laut, das Morgengesicht zu Freddy Krueger? Was genau stimmte nicht in dieser ersten Nacht? Martina schüttelte den Kopf. Keine Ahnung, sollte das wohl heißen, und man hätte mit dem gleichen Ergebnis einen Tauchsieder nach der Tageszeit befragen können. *Keine Ahnung*. So einfach und so kompliziert kann das halt manchmal sein. Und Max trifft keine Schuld.

Verantwortlich dürften mal wieder Schicksal, Vorsehung oder mieses Karma sein – jedenfalls irgendeine dieser unkontrollierbaren Instanzen, die ihre gemeinen Scherze mit uns treiben. Martinas Ratlosigkeit führte übrigens nicht zu demütiger Starre und einem schlechten Gewissen, was ich angebracht gefunden hätte, denn ich kenne Max und halte ihn für einen ernsthaften Kandidaten mit ebensolchen Absichten.

Stattdessen wurde ich von Martina mit vielen langen Sätzen und Seufzern über das Wesen der ersten

Nacht und das Grauen am Morgen danach belehrt. Und weil Martina, ebenso wie mein Freund Greumel, den Sie ja bereits kennen gelernt haben, auf die ein oder andere Erfahrung in Liebeshändeln zurückblickt, möchte ich Ihnen die zusammenfassenden Erkenntnisse der jungen Bayerin nicht vorenthalten.

Morgens, wenn das Tageslicht ins Bewusstsein knallt und jede Ecke der letzten Nacht ausleuchtet (sprach meine Freundin Martina), liegt zunächst einmal ein Fremder neben dir. So nackt, so grell, so nah hat man den Mann noch nie gesehen. Gleichzeitig zischt einem der Gedanke an den Verbleib der Wimperntusche im eigenen verquollenen Gesicht durch den Kopf. Zweifellos ein entscheidender Moment im zarten Anbandeln einer romantischen Liebesbeziehung. Eine erste Nacht, oder das, was davon übrig bleibt, sieht am Morgen danach selten gut aus. Augenringe, volle Aschenbecher, leere Gläser, Kondome und die Angst vor Mundgeruch. Wer das gemeinsam mit Hochgefühl übersteht, hat wirklich Grund zur Hoffnung. Der Morgen, oder sagen wir lieber die Zeit des Erwachens (eine relative Größe), ist nun mal brutal. Nachts war alles noch einigermaßen einfach, da hatte man ein gemeinsames Ziel. Da war man schummerig und sexversessen. Morgens aber muss man erst einmal nachdenken. Könnte ja sein, dass man jetzt lieber seine Ruhe hätte. Allein. Gestern, als man nicht mehr reden wollte, küsste man sich einfach. Aber kann man das jetzt einfach so fortsetzen? Oder wieder reden? Was sagt man morgens früh zu jemandem, den man gerade erst kennen lernt? »Guten Morgen, mein Lieblingsfilm ist übrigens *Moonstruck*. Da schleicht sich Cher nach der ersten Liebesnacht mit

Nicolas Cage auf Zehenspitzen davon. Und du siehst gar nicht so gut aus wie Nicolas Cage, aber ich bin trotzdem noch da. Haha!«

Der nächste Morgen ist definitiv kein guter Zeitpunkt für Smalltalk und erst recht nicht für Liebeserklärungen. Deswegen (und jetzt holte meine Freundin Martina zum finalen Zirkelschluss aus), ja deswegen sei da auch kein Platz für ein gemeinsames Frühstück und in bester Absicht herbei geschaffte Vollkornsemmeln. Zwanghafte Konversation am Küchentisch tötet jede Romantik, Schweigen macht schlechte Stimmung. Dann doch lieber flüchten vor Fragen, die irgendwo zwischen Brot und Butter kleben: Was war das? Was wird das? Was soll das eigentlich? (Ich möchte noch eine wichtige Frage ergänzen, die kein Mann vergisst: Wie war ich ...)

Natürlich hat Martina in vielen Dingen Recht. Am Morgen danach ist der erste Abschnitt einer aufkeimenden Liebesbeziehung unwiderruflich abgeschlossen. Die Zeit für den ersten Bilanzstrich ist gekommen. Bei vielen potenziellen Liebesbeziehungen wird hier auch schon gern ein Schlussstrich gezogen. Im Nachhinein wird eine solche Geschichte dann entweder One-Night-Stand genannt, »die Affäre« oder auch nur »Der Fehler!« Es muss ja nicht immer so hässlich zugehen wie in Eddie Murphys Film *Boomerang*, als der farbige Obermacho morgens aufwacht und als Erstes die Bettdecke ein wenig hochzieht, um sich in aller Ruhe die Füße seiner Gespielin anzusehen. Was er sieht, macht ihn nicht glücklich: knorpelige, felsige Extremitäten mit Hammerzeh und zentimeterdickem Horn. Sofort wirft der böse Eddie seine fußkranke Freundin aus Bett und Wohnung. Erst gegen Ende des Films, als sich Eddie drehbuchgerecht ganz ernsthaft in eine junge Dame verliebt hat, spielt sein Fuß-Ritual keine Rolle mehr. Und im Kinosaal wird kollektiv verstanden: Wahre Liebe hält sich nicht an unschönen Details auf.

Leider aber ist meistens noch nicht allzu viel Liebe im Spiel, wenn sich zwei Menschen am Ende einer langen Nacht in die verschlafenen Augen schauen. Und Eddie Murphys Problemfuß-Episode steht in diesem Kontext nur für eine unüberschaubare Menge an möglichen Anlässen, die zarten Liebesbande ganz schnell wieder zu lösen. Die banalsten Kleinigkeiten werden angeführt, um das eigene pauschale Unbehagen zu rechtfertigen:

- »Mich hat schon genervt, dass sie nachts die Kerzen ausblies und sonst gar nichts, und am nächsten Morgen hat sie echt verlangt, dass ich das Zimmer verlasse, bevor sie sich ankleidet – total krank!« (Lennart)
- »Neben dem Bett lag ein Schalke-04-Unterhemd. Und außerdem schielte der im Schlaf!« (Simone)
- »Als ich wach wurde, flaggte dieser Typ mit seinem nackten Arsch auf meinem Schreibtisch und schaute sich in aller Ruhe meine Fotoalben an.« (Mascha)
- »Um sechs Uhr stand diese Frau auf. Nackt. Um sieben Uhr legte sie sich wieder zu mir ins Bett – wieder nackt, aber ansonsten aufgebrezelt wie ein Tannenbaum im Petersdom. Ich hab sie gefragt, ob sie heimlich als Avon-Beraterin jobbt, aber leider haben wir nicht denselben Humor.« (Greumel)
- »Der war eigentlich ganz süß, aber am nächsten

Morgen hat er als Erstes Frühstücksfernsehen auf RTL angeschaut!« (Corinna)

Sie sehen schon: Ich habe eine Menge recherchiert, das heißt, ich bin meinen Freunden mit ein paar indiskreten Fragen auf die Nerven gegangen. Jeder hatte Geschichten über Menschen auf Lager, die bis zur ersten Nacht als viel versprechende Aspiranten für eine romantische Liebesbeziehung gehandelt wurden und sich am Morgen danach in so eine Art menschlichen Sondermüll verwandelt hatten.

Ich habe eine Menge erfahren über Dinge, die man am Morgen nach der ersten Nacht tunlichst vermeiden sollte. Ehrlich gesagt sollte man die *meisten* Dinge vermeiden, aber das ist wohl zu viel verlangt von Menschen, die sich gerade im emotionalen Ausnahmezustand befinden, sprich: auf dem besten Wege sind, sich zu verlieben. Doch glauben Sie mir: Wenn nur die geringste Chance besteht, dass dieses Gefühl erwidert werden könnte, ist ein diskreter Rückzug im Anschluss an die erste Liebesnacht die smarteste Variante, das glimmende Feuer nicht schnöde zu ersticken – mit langatmigen Liebesschwüren beispielsweise oder mit dem Vorschlag, schon mal ein paar Sachen aus der eigenen Wohnung zu holen. Malen Sie einfach ein kleines Blümchen mit rotem Filzstift auf eine herumliegende Serviette, notieren Sie Ihre Telefonnummer daneben und geben Sie der Hoffnung Ausdruck, dass die zurückliegende Nacht nicht nur für Sie selbst etwas ganz Besonderes gewesen sei. Dann machen Sie sich still und leise aus dem Staub und warten.

Wenn Sie länger als eine Woche vergeblich neben

Ihrem Telefon hocken, haben Sie entweder

a. eine falsche Nummer hinterlassen (das passiert in erfolgreichen Frauenromanen immer wieder – merkwürdigerweise ...), hätten
b. die Serviette vielleicht besser nicht im Kleiderschrank unter den Winterpullovern versteckt oder müssen sich
c. mit dem Gedanken anfreunden, dass Sie auf dem Schlachtfeld der Matratze offenbar keinen großen Sieg errungen haben.

Doch ganz gleich, warum das Telefon nicht wieder klingelt – in einer Hinsicht können Sie in jedem Fall stolz auf sich sein: Ihr Rückzug hatte Stil!

10 Tabus für den Morgen danach!

1. Vermeiden Sie die Frage: Was denkst du jetzt? (Ersatzweise: Wie war ich?)

2. Suchen Sie nicht in fremden Schreibtischen nach dem Personalausweis Ihres Partners oder Ihrer Partnerin, weil Sie seinen/ihren Namen vergessen haben. Seit der Spengemannaffäre ist die Angst vor dem Beischlafdiebstahl wieder ins Bewusstsein der Öffentlichkeit zurückgekehrt.

3. Schnüffeln Sie nicht am Bettlaken, und warten Sie mit der Beseitigung aller Spuren der Nacht, bis Sie allein sind.

4. Vermeiden Sie den Hinweis auf Menschen, mit de-

nen Sie besseren Sex hatten. Und keine heimlichen Polaroids zur Erinnerung – die Versuchung ist zu groß, die Produkte fotografischer Kleinkunst eines Tages in der Rathausgalerie auszustellen.

5. Achten Sie darauf, weder den Fernseher anzuschalten noch Def Leppard oder ähnlich motivierte Krachmacher für die Morgenunterhaltung einzuspannen.

6. Lassen Sie sich nicht um 5.30 Uhr vom Weckdienst aus dem Bett klingeln.

7. Unterdrücken Sie den Wunsch, im Morgengrauen nach Ihren Joggingschuhen zu greifen.

8. Unterdrücken Sie überhaupt JEDEN Wunsch, der Sie um 5.30 Uhr quält. Ja – auch DIESEN, dazu ist später noch Zeit, wenn alle Beteiligten wieder bei Kräften sind und besser riechen.

9. Für Wohnungsinhaber: Seien Sie höflich und nehmen Sie milde lächelnd Telefonnummern entgegen, die man Ihnen anbietet, auch wenn Sie die Absicht haben, damit am Abend bei einem Whisky das Kaminfeuer zu entfachen.

10. Für Gäste: Falls Sie schon eine falsche Telefonnummer hinterlassen, dann hinterlassen Sie wenigstens eine, die Ihrer echten Nummer ähnelt – im Zweifel können Sie sich auf einen Zahlendreher herausreden. Und legen Sie kein Geld aufs Nachtkästchen, auch wenn Sie's gut meinen.

Darf ich vorstellen: Das ist Britta! Angenehm?

Über die Freuden der Qualitätsprüfung

»Viele Freunde, viele Handschuhe –
aus Angst vor der Krätze.«
Charles Baudelaire

Zwischen meinem 19. und 22. Lebensjahr führte ich das Leben eines Romantikers, litt unter einer ausgeprägten Geschmacksverirrung und wurde als Sittenstrolch geächtet. Und das alles gleichzeitig. Dabei hatte ich nichts Erwähnenswertes geleistet. Jedenfalls nichts, das sonderlich von dem abwich, was ich in den Jahren zuvor mein Leben nannte: Ich schleppte mich mit mäßigem Erfolg durch die gymnasiale Oberstufe und begann ein Studium in einer Fächerkombination, die es mir gestattete, morgens auszuschlafen und nachts in Programmkinos abzuhängen. Ich trieb Sport, fuhr einen Käfer und freute mich über gelegentlichen Geschlechtsverkehr mit jungen Mädchen aus meiner Stadt. Mit einigen war ich kurz »zusammen«, mit anderen nicht mal das. Meistens war ich in irgendeine verliebt, die sich nicht für mich interessierte, oder wurde begehrt von einer, die leicht verwachsen war oder später mal Physik studieren würde. Alles in allem war mein

Leben so spektakulär wie eine Fußgängerzone am Sonntagvormittag.

Dann traf ich Britta und wurde ein interessanter Mensch. Ich verwandelte mich in einen romantischen, geschmacksverirrten Sittenstrolch.

Ich war 19 Jahre alt, und bis dahin hatte ich mich offenbar noch nie verliebt. Jedenfalls war mir das Gefühl fremd, keine Sekunde mehr ohne einen bestimmten Menschen existieren zu wollen. Ich hatte bis zu diesem Tag auch keine Neigung verspürt, in Schönschrift Gedichte auf Büttenpapier zu malen und die Gesichtsfarbe zu verändern, wenn ein Mädchen eine harmlose Frage stellte. Vermutlich war ich ein Spätentwickler, was mir aber zu diesem Zeitpunkt keine schlaflosen Nächte bereitete. Ich war viel zu sehr damit beschäftigt, Britta den Hof zu machen. Zugegeben – eine euphemistische Beschreibung für meine Eigenart, ihr Suhrkamp-Taschenbücher mit Herrmann-Hesse-Romanen aufzudrängen und darüber in einer kleinen Weinstube reden zu wollen – bei rotem Tafelwein und altem Käse, musikalisch begleitet von Neil Young und Angelo Branduardi.

Nach etwa 20 Abenden bei Käse, Wein und Steppenwolf kapitulierte Britta vor meinen literarischen Werbewochen und küsste mich lange und ausdauernd. Einige Tage später nutzten wir einen Kurzurlaub ihrer Eltern – Britta war gerade erst 17 geworden – und schliefen in ihrem Interlübke-Jugendzimmer zum ersten Mal miteinander. Da wir diesen Akt ohne nennenswerte Katastrophen hinter uns brachten und uns der Gesprächsstoff auch in den Tagen danach nicht ausging, lehnten wir uns langsam zurück und begannen, unser altes Leben wieder aufzunehmen. Mit dem Unterschied allerdings, dass wir jetzt »zusammen« waren.

Das hieß, dass wir uns zwei oder drei Mal in der Woche trafen, um uns einen Kinofilm anzusehen, ineinander verschlungen durch Wälder trotteten oder einfach nur in »unserer« Weinstube saßen, um zu *reden*. Diese Abende endeten stets bei mir zu Hause, dort schubsten wir uns die Seele aus dem Leib, auch wenn wir das damals ganz anders nannten, und wenn wir damit fertig waren, setzten wir unsere Unterhaltungen fort. Das waren schöne Zeiten, in denen ich nichts vermisste. Nicht mal meine Freunde.

Umgekehrt verhielt sich das offenbar ein wenig anders. Mein bester Freund Greumel, der mich bereits aus einer Zeit kannte, als ich mein Zimmer nur mit einem Gummipömpel in der Hand verließ und Glasmurmeln für die geltende Weltwährung hielt, begrüßte mich mittlerweile mit »Da kommt der Liebeskasper!«, wenn ich tatsächlich einmal in der Bar unseres Vertrauens auftauchte. Auch die Mitglieder meiner Hockeymannschaft begannen, sich Sorgen um meine körperliche Fitness zu machen: »Willst du nicht mal wieder trainieren?« Selbst meine Eltern wurden unruhig: »Das geht ja schon ganz schön lange mit diesem ... *Mädchen*. Für deine Verhältnisse!«

Ganz schön lange für *meine Verhältnisse*, das hieß korrekt: vier Wochen. Offenbar ein Grund zur Besorgnis, nicht nur für meine Eltern. »Kannst du uns die Schnecke nicht mal vorstellen«, maulte auch Greumel, »oder hat die eine Kartoffel mitten im Gesicht?« Schon allein für diese Bemerkung hätte ich ihn schlagen können – trotz unserer jahrelangen Freundschaft.

Aber natürlich hatte Greumel nicht Unrecht. Ich hatte mir selbst schon gedacht, dass Britta ein Name werden könnte, den sich meine Freunde merken sollten – und dass ich meine frische Liebe früher oder später einmal vorführen *musste*. Ich wartete nur noch auf eine passende Gelegenheit, sie den Haien zum Fraß vorzuwerfen, so sah ich das jedenfalls.

Schon am nächsten Wochenende hatte sich das Problem erledigt. Nicht ganz so, wie ich mir das vorgestellt hatte. Dafür aber sehr, wie soll ich sagen: nachdrücklich? An diesem Samstagabend feierten Greumel und ich zusammen mit ein paar Freunden in einer Bar, die sich in Anlehnung an ein spanisches Sangriagebräu nur kurz *Der Eimer* nannte. Wir besuchten diesen Laden in dem Bewusstsein, eine extrem geschmacklose Entscheidung zu treffen, also *cool* zu sein. Bilder von Freddy Quinn hingen gerahmt und signiert an der Wand, eine leere Drei-Liter-Flasche Dujardin baumelte in einem Fischernetz unter der Decke. Für die Beschallung des Ladens war eine alte Musikbox zuständig, die man mit merkwürdigen Token füttern musste. Für eine Mark gab es an der Theke bei Irmgard, der Wirtin des *Eimers*, zwei Token, dafür konnte man sich drei Musiktitel aussuchen. Da die Venyl-Singles in der Wunderbox seit Jahren nicht mehr ausgetauscht worden waren, hatte man die Wahl zwischen »Popcorn«, »La Paloma Blanca« oder »This Flight Tonight« von Nazareth, falls das noch irgendwer kennt. In dem Moment, als ich Britta mit aufgerissenen Augen an der Tür des *Eimers* entdeckte, stöhnte sich gerade Jane Birkin mit ihrem längst verblichenen Exliebhaber Serge Gainsbourg durch »Je t'aime«. Wir hatten uns die Hemden über den Kopf gezogen und wirbelten sie wie Hubschrauberrotoren über unseren Köpfen – und so schaute Britta uns auch an.

Ich habe schon peinlichere Momente überstanden. Da war ich sogar nüchterner. Was sollte es auch: Schließlich ist gegen ein bisschen Geselligkeit nichts einzuwenden, und auch rituelle Balztänze unter Männern sind in einigen Regionen Papua-Neuguineas absolut nichts Ehrenrühriges. Leider war Britta nicht allein, wie ich sehen musste, nachdem ich mein schönstes Rüschenhemd wieder notdürftig in die Hose gestopft hatte. Der ältere Herr da mit der dicken roten Ader am Hals schien zu ihr zu gehören, er redete gestikulierend auf sie ein. Britta blickte aus offenbar verweinten Augen in unsere Richtung, dann zeigte sie mit einer resignierten Geste auf ... MICH!

Sekunden später stand der ältere Herr vor mir und rieb seine Nase an meiner. Ich kam gar nicht erst auf die Idee, das für ein liebenswürdig schrulliges Begrüßungsritual zu halten, dazu war zu viel Flugspucke im Spiel. In einer Lautstärke, die den geilen Serge um ein Vielfaches übertönte, belehrte mich der Schreihals über den Zweck seines Besuches. Er sei Brittas Vater und gekommen, mir »Unhold« die Leviten zu lesen, was ich mir dabei dächte, in seinem Haus, ja in SEINEM HAUS mit SEINER unschuldigen Tochter geschlechtlich zu verkehren. Er sagte wirklich »verkehren« und dass es ihm Leid täte, dass sich aufgrund der fragwürdigen Gesetzeslage und der allgemeinen Verrohung der Sitten leider keine Gelegenheit böte, mich vor einen Haftrichter zu zerren. Doch eines könne er mir versprechen, und das sei so sicher wie das Amen in der Kirche: Falls ich es wagen sollte, seiner Tochter, dem unschuldigen, aber leider so labilen Geschöpf, noch einmal zu nahe zu kommen, dann würde er ... dann würde er ... nun ja ... dann würde er sich *vergessen*. Daraufhin schaute er mich an wie ein zu wuchtig geratenes Ausrufezeichen und wartete auf eine Reaktion. Ich schaute den geifernden Mann wohl ziemlich verblüfft an, dann blickte ich zu Britta, die den Rächer ihrer Sippenehre aus sicherer Entfernung beobachtete. Beinahe unmerklich zuckte ich mit den Schultern, was so viel bedeuten sollte wie »HILLL-FEEE!!!«, doch Britta regte sich kein Stück. Inzwischen hatten Jane Birkin und Serge Gainsbourg ihren Höhepunkt überschritten, im Raum herrschte einen Moment dickflüssige, tiefe Stille. »Sie ist doch schon 17!«, brachte ich schließlich über meine Lippen. Dieser Einwand schien den hysterischen Erzeuger Brittas nur noch mehr anzustacheln. Er knuffte mit der Faust in meine Rippen und wiederholte manisch vier- oder fünfmal die Worte: »Ich warne dich, du Sittenstrolch, du unflätiger Kerl, du *Sitten*strolch ich warne dich ...« Er klang ein bisschen wie der Sprech-Refrain eines Falco-Songs, doch die Musikbox hatte inzwischen eine andere Idee: Zu »Like a Virgin« von Madonna verschwanden Vater und Tochter so schnell aus dem *Eimer*, wie sie gekommen waren. Irmgard – definitiv keine eingeborene Hamburgerin – schaute ihnen verdutzt hinterher und hob ihre Hand: »Isch will hier kejne Ärjer, häste mich verstanden?« Meine Freunde aber johlten und skandierten ausgelassen: Sit-ten-strolch! Sit-ten-strolch!

Nur Greumel blickte mich ernst an und brummte verächtlich: »Coole Frau! Gibt's die auch ohne Papi und *mit* Text?« Ich musste zugeben, dass Britta schon einmal eine bessere Figur gemacht hatte. Weniger verheult, weniger verhuscht und auch entschieden weniger begleitet. Für Greumel war die Sache klar: Britta war eine Flachpfeife. Eine Meinung, die er auch die nächsten drei Jahre nicht ändern sollte.

Einige Tage später erhielt ich einen Brief von Britta. Sie entschuldigte sich für die Szene im *Eimer* und teilte mir mit, dass sie in den nächsten Monaten unter ständiger Beobachtung stehen würde. Ihr Vater hatte in ihrem Tagebuch geschnüffelt, in dem neben der üblichen Pubertätsprosa auch handfeste Beschreibungen unseres Sexlebens zu finden waren. Ich konnte mir vorstellen, dass kein Vater der Welt begeistert sein würde, wenn er lesen musste, dass sein unschuldiger kleiner Sonnenschein nach der Schule die Freuden des Oralverkehrs studiert hatte und es für erwähnenswert hielt, dass wir es an einem Nachmittag viermal hintereinander »getan« hatten. Trotzdem fand ich es etwas übertrieben, dass Britta von nun an täglich von ihrer Mutter zur Schule gebracht und wieder abgeholt wurde und alle aushäusigen Aktivitäten bis auf weiteres gestrichen sein sollten. Leider wurde ich zu diesem Thema nicht angehört.

Ob ich sie unter diesen Umständen verlassen wolle, fragte Britta in ihrem Brief, verstehen könne sie es ja.

Natürlich »verließ« ich sie nicht, was aber auch keinen Unterschied machte, denn einige Monate bekam ich Britta überhaupt nicht mehr zu Gesicht. Wir schrieben uns fast täglich, aber selbst das erforderte ausgeklügelte Vorbereitungen: Vor der Schule klingelte eine ihrer Freundinnen an meiner Tür und nahm einen Brief in Empfang, den Britta dann in der Schule las und in den Pausen beantwortete. Nach der Schule brachte eine andere Freundin – je nachdem, wer gerade »Liebesdienst« hatte, wie sie das amüsiert und auch ein bisschen gerührt nannten – meinen Brief vom Morgen wieder zu mir zurück, und als Zugabe erhielt ich Brittas Antwort.

Das brachte uns über die nächsten Monate. Obwohl sich der familiäre Strafvollzug bei Britta langsam lockerte, sah ich sie auch nach einem halben Jahr nie häufiger als ein oder zwei Mal im Monat, meistens auf Partys, zu denen sie von Mutti angeliefert und Punkt 22 Uhr wieder abgeholt wurde. Dort knutschten wir, bis uns die Lippen brannten, mehr war nicht drin an diesen Orten, und zu reden hatten wir nicht viel – wir schrieben uns ja schließlich jeden Tag lange Briefe, in denen wir uns eine gemeinsame Zukunft zusammenfantasierten und uns wie Romeo und Julia in der deutschen Provinz fühlten.

Brittas Vater hatte sich das womöglich etwas anders vorgestellt. Die ganzen Verbote und die vermeintliche Tragik unserer Situation verstärkten unser Zusammengehörigkeitsgefühl eher noch, statt uns zu entfremden. Wir *mussten* doch füreinander bestimmt sein, bei den Prüfungen, die uns das Schicksal auferlegte ... Aus einer harmlosen Teenager-Affäre wurde durch die kollektive Ablehnung unserer Bezugssysteme eine Art Schicksalsbund, jedenfalls etwas extrem Romantisches, zu dem man Klavierkonzerte hören und Novalis lesen konnte.

Schließlich war Brittas Familie nicht allein in ihrem Bestreben, uns das Leben schwer zu machen. Auch meine Eltern glaubten nicht an unsere Liebe, wenn auch aus ganz pragmatischen Gründen: »Vergiss das

Mädchen lieber, die Familie scheint nicht ganz normal zu sein – das gibt bestimmt noch Ärger!«

Mein Freund Greumel mochte Britta seit ihrem ersten Auftritt im *Eimer* nicht, und dabei blieb es. Ich kann nicht gerade behaupten, dass mich das kalt gelassen hätte. Wenn der beste Freund die Frau deines Herzens nicht einmal mit dem Allerwertesten anschaut – allzu oft hatte er ja ohnehin keine Gelegenheit dazu –, kommt man schon ins Grübeln. Dass Eltern ihre potenziellen Schwiegertöchter und -söhne nicht mögen, okay, das gehört zum Standard-Programm und verstärkt den ohnehin notwendigen Ablösungsprozess von der eigenen Sippe. Aber Freunde? Der beste Freund? Greumel?

Ich vermute, dass Britta an diesem ersten Abend auch als Mutter Teresa oder Reinkarnation von Romy Schneider keine Chance bei Greumel gehabt hätte. Schließlich war sie eine Bedrohung für eine Freundschaft, die bis zu diesem Zeitpunkt im Vordergrund all unserer sozialen Beziehungen gestanden hatte. So ist es immer: Soziale Bezugssysteme sind fragile Gebilde, und wenn plötzlich die Eckpfeiler dieser Systeme quantitativ und qualitativ verändert werden, geraten sie aus der Balance. Konkret: Natürlich habe ich mehr Gedanken, Zeit, Aufmerksamkeit auf die Person verwendet, mit der ich – romantisiert und blauäugig wie ich war – mein weiteres Leben verbringen wollte. Außerdem fand ich es prinzipiell aufregender, am Samstagabend mit einer Frau nackt im Doppelbett zu verbringen, als angetrunken in einer Billardhalle herumzustehen und Pläne zu machen, wie man es schafft, so schnell wie möglich aus dieser Stadt herauszukommen. Erwartet man in dieser Situation von Menschen wie Greumel

Fairness, Objektivität und guten Willen? Ja. Kriegt man das auch? Selten.

Für jeden Menschen, egal ob Freund oder Familienmitglied, bedeutet ein neuer Partner an der Seite eines geliebten, befreundeten oder auch nur betreuten Menschen eine Veränderung der eigenen Lebensumstände. Die Fragen sind vielschichtig, banal und verräterisch, aber sie sind existent: Wird er noch genug Zeit für unsere Freundschaft haben, wird Greumel gedacht haben, nur etwas weniger pathetisch formuliert, oder: »Ist sie es wert, dass ich ihretwegen jetzt mit Jens Billard spielen muss?« Meine Mutter wird sich Gedanken darüber gemacht haben, ob sie mit Britta irgendwann mal ihre Kuchenrezepte austauschen kann, und mein Vater, ob sie seiner Vorstellung von einer perfekten Schwiegertochter entspricht. Meine Jungs vom Hockey werden sich gefragt haben, ob man mit ihr gut feiern kann und wie sie dazu steht, dass wir alle – nur Jungs – einmal im Jahr nach Mallorca fahren, um unsere gute Kinderstube zu verleugnen. Und wir reden hier nur von *meinen* Leuten! Für Brittas Eltern werde ich vermutlich der Inbegriff des Bösen gewesen sein, für ihre Lehrer ein verantwortungsloser Geselle mit einem frühreifen Hang zur Pornografie, für ihre Freundinnen hingegen ein leuchtendes Beispiel, dass selbstlose Aufopferung und Romantik offenbar auch in Zeiten von *Die Hard I* noch eine Chance haben. Fakt ist: Eine Beziehung zwischen zwei Menschen verändert nicht nur die beiden unmittelbar beteiligten Akteure. Auch der Freundeskreis wird durcheinander gewirbelt und stellt sich, nach einer gewissen Zeit der Unsicherheit und des Übergangs, vollkommen neu auf. Deshalb ist eine frisch keimende Beziehung auch keineswegs Privatsache. In den ersten Monaten dürfte jeder Abend im Kreise ihrer oder seiner Freunde auch eine Art Bewerbungsparcours sein, bis man sich dann irgendwann auf »gemeinsame« Freunde geeinigt haben wird. Auf beiden Seiten bleiben Menschen zurück. Man sollte allerdings darauf achten, in dieser Hinsicht keine vorschnellen Entscheidungen zu treffen oder die »falschen« Freunde aus dem Leben zu streichen. Die Wissenschaftlerin Insa Schöningh schreibt in ihrem Buch *Ehen und Freundschaften. Niemand heiratet für sich allein*: »Freundschaften nehmen eine wesentliche Vermittlerrolle zwischen dem Paar und der Gesellschaft ein. Sie liefern einem Paar die ›Außenperspektive‹, sie sind die ›objektivierenden Dritten‹ und sie stellen eine Ergänzung zum Partner dar. Im Idealfall.«

Offenbar kannte Frau Schöningh Greumel nicht.

Nach einem Jahr Versteckspiel gaben Brittas Eltern auf. Ich wechselte auf ihre Schule, und wir sahen uns nun tagsüber täglich. Freistunden verbrachten wir in meinem Bett, auf Klassenreisen schlichen wir nachts über dunkle Flure mit Milchglasscheiben. Am Wochenende trafen wir uns immer noch konspirativ, aber dafür recht häufig in Bars. Manchmal wagten wir es sogar, Händchen haltend durch unsere Stadt zu spazieren.

Nach ein paar Monaten führten wir dann eine ganz normale Beziehung. Das merkten wir daran, dass ich ziemlich viel Zeit mit Greumel verbrachte und mein Hockeyspiel sich wieder verbesserte. Auch Britta wollte plötzlich »etwas Abstand«. Der Unterschied zum Abstand von früher bestand darin, dass dieser hier selbst gewählt war und keine romantischen Einflüsse auf unser Beziehungsleben hatte. Ich vermutete damals erstmals, dass »Liebe« auch bloß eine tückische Form der Autosuggestion sein könnte. Dann trennte sich Britta von mir, weil *das* nicht alles gewesen sein konnte. *Das* muss ich gewesen sein. Ich fühlte mich ungerecht behandelt, schließlich hatte ich eine lange Zeit auf meine virtuelle Geliebte gewartet, und gerade, als sie wieder aus Fleisch und Blut zu sein schien, verschwand sie aus meinem Leben. Das war weder fair noch machte es Sinn: Meine Freunde und meine Familie aber hatten das natürlich schon immer gewusst.

Kama-was?

Liebe, Laster, Leidenschaft

»Wie kann man sagen: ›Nein, das gehört nicht zum Leben‹, wenn es doch immer dazugehört? Die Kontaminierung durch Sex, die erlösende Verschmutzung, welche die Spezies entidealisiert und uns immer wieder daran erinnert, aus welchem Stoff wir gemacht sind.«
Philip Roth, *Der menschliche Makel*

*»We can fuck forever, but you never
can get my soul.«*
Gun Club

»Fehlt dir was?«, fragte Inga mit einem Tonfall, der ansonsten in der Sonderpädagogik heimisch ist: »Brauchst du eine heiße Suppe?« Ich verneinte seufzend: »Nee, Inga, es ist nur so – ich meine, ich hab heute einfach keine Lust!« Inga schaute mich an, als ob ich ihr vorgeschlagen hätte, ein paar Hundewelpen auszustopfen. Ich drehte mich verschämt zur Wand: »Hat nix mit dir zu tun, ich bin einfach ... äh ... einfach...«

»... müde. Du bist sehr, *sehr* müde ...!«, half sie mir auf die Sprünge: »Du hattest ja auch einen harten Tag ...!«

Nach einer kurzer Pause ergänzte sie: »Vermutlich

sollte ich mich freuen, dass du nicht ständig Migräne hast ...«

Ich drehte mich um und blickte in ein freches Grinsen. Sie ließ mir keine Wahl. Ich griff mir ein Kopfkissen und wummerte es auf ihren Kopf. Das hatte ich schon einmal in einer Werbung für Margarine gesehen, sehr sympathisch. Sie schrie auf und konterte mit einem gemeinen Würgegriff, ein mieser Trick im griechisch-römischen Stil, immerhin. Die Dinge nahmen den erwarteten Verlauf. Ich realisierte ziemlich schnell, dass Ingas Kampfkünste im Begriff waren, einen Blitzsieg gegen meine Unlust zu erringen, ein bisschen dürfte auch ihr nackter Oberkörper dazu beigetragen haben. Meine Müdigkeit verflüchtigte sich – oder was immer es auch gewesen sein mochte, das vor zwei Minuten noch verhindert hatte, mich sofort auf diese wunderbare Frau zu stürzen, die roch wie ein Fliederfeld und in der Lage war, beim Sex wie ein überlasteter Omnibus zu ächzen. Wir schliefen miteinander, es war wie immer: unbeschreiblich; ich wollte niemals damit aufhören und konnte mir auch gar nicht vorstellen, wie das gehen sollte. Am nächsten Morgen wachte ich in dem Bewusstsein auf, noch einmal davongekommen zu sein. Unausgeschlafen, müde, ein wenig derangiert zwar. Aber beruhigt, dass mit uns noch alles okay war: Die erste gemeinsame Nacht, in der wir keinen Sex haben würden, stand uns immer noch bevor.

Alle frisch verliebten Paare kennen dieses Gefühl: Diese Mischung aus Euphorie, tiefer Dankbarkeit und Schlafmangel, die einen aussehen lässt, als habe man eine Menge verbotene Substanzen eingeworfen oder leide, ersatzweise, am Pfeiffer'schen Drüsenfieber. Mit den Schatten unter den Augen, die in diesen Zeiten offenbar unvermeidbar sind, könnte man in einem Film von Fritz Lang mitwirken, ohne den Umweg über die Maske nehmen zu müssen. Und das nur, weil man die Finger nicht voneinander lassen kann, nicht einen Abend, nicht eine Nacht.

Paare, die dem Ruf des Dschungels noch täglich erliegen, kennen sich in der Regel etwa drei bis vier Monate. Sie verbringen viel mehr Zeit miteinander, als sie sich vorgenommen haben und gut für sie ist. Trotzdem haben sie keine Wahl: Sie müssen sich anfassen, aneinander reiben und übereinander herfallen – in diesen glücklichen Tagen der Sorglosigkeit und der großen Illusionen reduziert sich der Sinn ihrer Existenz auf die schlichte Fortpflanzung respektive deren Trockenübung und die Gewissheit: *Diese* Liebe wird ewig sein. Die ersten Unsicherheiten sind wie weggewischt: Wird er bleiben, obwohl ich nur die Höhere Handelsschule habe? Liebt sie mich nur, weil ich immer alles bezahle? Findet er meinen Busen nicht zu klein? Hat sie ein Problem damit, dass ich zu meinem Anzug die aktuellen Produkte von Puma trage? Alle diese Fragen sind erst einmal beantwortet, die Zweifel vorläufig beseitigt. Nach drei, vier Monaten fühlt sich alles perfekt an. Eine gewisse Dankbarkeit stellt sich ein, sogar ein diffuses Sicherheitsgefühl, Schmetterlingsschwärme, Glück: Der Mensch ist verliebt.

Auch im Bett sind die Claims abgesteckt. Man hat im Idealfall erleichtert zur Kenntnis genommen, dass die gegenseitigen Vorlieben kompatibel sind. Er hat nicht versucht, Elektroartikel oder Südfrüchte ins Liebesspiel einzubeziehen, sie hat nicht kategorisch verlangt, immer nur *gemeinsam* zu kommen. Keiner macht automatisch das Licht aus, wenn es in die Vollen geht, oder: *Beide* finden es schöner, wenn ausschließlich Kerzenlicht die Szenerie beleuchtet. Auch das ganze Lied wurde schon gespielt, um meinen Freund Greumel mal wieder zu erwähnen. Das heißt nichts anderes, als dass man voreinander ausbreitet, was man Geiles von den ehemaligen Partnern gelernt hat. Egal, welcher Nippel dabei durch welche Lasche gezogen werden muss – man traut sich jetzt, seine Wünsche offensiv zu formulieren, ohne gleich als Pornograf, Turnvater Jahn oder billiger Mickey-Rourke-Abklatsch gemaßregelt zu werden. Allerdings rate ich dringend davon ab, sich vor dem Kühlschrank zu lieben und dabei Erdbeeren, Milch und andere Nahrungsmittel des täglichen Gebrauchs einzubeziehen. *9 1/2 Wochen* hat wirklich *jeder* schon gesehen. Das führt dazu, dass man sich bei der Reproduktion dieser filmischen Appetithappen vorkommen wird wie ein Äffchen, das in der Zirkusmanege seine einstudierten Kunststückchen ableistet. Außerdem dürfen Sie Ihre zukünftigen sexuellen Probleme nicht ganz außer acht lassen – was soll Ihnen denn in zwei Jahren Ihr Paar-Therapeut zur Auffrischung Ihres Sexlebens vorschlagen, wenn Sie das ganze 9 1/2-Wochen-Repertoire bereits verschleudert haben?

Aber so weit sind wir ja noch lange nicht, noch ist alles neu, frisch und aufregend und dabei gleichzeitig so herrlich vertraut: Seinen Freundinnen und Freunden berichtet man von unglaublichen Nächten, von nicht enden wollenden Orgasmen und von Stellungen, gegen die eine stinknormale Budapester Beinschere wie eine Turnübung für Senioren in der Reha-Klinik aussieht. Das Kamasutra wird innerhalb einer Woche durchgeackert, und es macht sich bezahlt, dass sich im Freundeskreis auch ein paar Krankengymnasten befinden.

Montagmorgens rückt man dann mit verklärtem Blick nach draußen in die feindliche Welt der Büros und Seminarräume, und wenn dann jemand höflich fragt, was man denn am Wochenende so getrieben hat, überlegt man kurz und gesteht: »Eigentlich ... nichts!«

Was so nicht wirklich stimmt und sich ausschließlich auf Dinge bezieht, die man gern in der Öffentlichkeit debattieren würde. Die Wahrheit lautet: Freitags war man noch in diesem kleinen romantischen Restaurant, in einer dieser Diner-Höhlen für Verliebte, wo man zwei Wochen im Voraus um einen Platz betteln muss. Eines dieser Etablissements, in denen schon Lüsterlampen und handgeschriebene Speisekarten darauf vorbereiten, dass der hormonelle Ausnahmezustand einen teuer zu stehen kommen wird. Schon während des Essens werden eine Menge Andeutungen über die aphrodisierenden Kräfte der dargebotenen Meeresfrüchte ausgetauscht. Unter dem Tisch verirren sich fliegende Hände in Verbotsregionen, oberhalb der Tischkante schauen sich Menschen tief in die Augen und erörtern die Frage, ob man im Notfall auch in Restaurants der gehobenen Klasse auf dem Boden mal schnell ...

Einen Moment erscheint einem so ein spontaner Untertisch-Verkehr als ideale Möglichkeit, die eigene Spießigkeit ein für alle Male über Bord zu werfen. Man ahnt – das könnte eine Anekdote werden, die man noch seinen Enkeln erzählt, beim passenden Anlass, selbstverständlich. Aber nein, bei aller Liebe: *Das* geht denn doch nicht. Bedauernd zuckt man mit den Schultern. Zu pubertär, klar, und dann die anderen Gäste: Was können die dafür, dass hier zwei Menschen sind, die wissen, wie sich Liebe anfühlt! Stattdessen entschuldigt sie sich kurz mit einem viel sagenden Lächeln und erscheint drei Minuten später mit roten Bäckchen zurück am Tisch, gerade noch rechtzeitig zum Dessert. Sie platziert eine Handtasche im modernen Frauenmagazin-Pocket-Format gut sichtbar auf dem Tisch und gewährt einen Blick auf ein *La-Perla*-Spitzenhöschen, das wachswarm gebraucht Spitzenpreise in japanischen Slip-Automaten erzielen würde. Er verschluckt sich beinahe an seiner Crème Caramel, was ihm auch erst mal einer nachmachen soll, und schaut glasäugig auf ihren kurzen, aber nicht zu kurzen Rock hinunter. Wohin nun mit dieser schmerzenden Blitzerektion? Gibt es etwas Schöneres als ein öffentliches, semi-anrüchiges Sexversprechen von einer Frau, der man gerade ohne mit der Wimper zu zucken einen Heiratsantrag machen oder sogar sein Aktiendepot anvertrauen würde?

Im Taxi vergisst er dann alles, was ihm seine Eltern an angemessenem Verhalten in der Öffentlichkeit beigebracht haben. Auf der geräumigen Rückbank werden komplette Outfits umgeschichtet – sie wehrt sich nur ein bisschen. Nur unter größten, selbstquälerischen Mühen gelingt es dem Mietfahrer dieser jungen Leidenschaft, ab und zu einmal einen Blick auf die Straße zu werfen – mit dem Erwerb des Personenbeförderungsscheines dürften angehende Taxifahrer auch so eine Art Tarnkappe erworben haben. Es ist schon erschütternd, wie wenig soziale Autorität so ein Berufskraftfahrer ausstrahlt.

Endlich bei ihr (oder ihm!) dauert der Weg von der Haustür bis zur Bettkante dann länger als ein durchschnittlicher Stau am Kamener Kreuz, allerdings mit umgekehrten Vorzeichen: Erst wenn die beiden Verliebten schließlich *aufgehört* haben, sich zu bewegen und sich in dunklen Hausfluren, Aufzügen und Küchenzeilen aneinander festzusaugen, rollt der Verkehr endlich an. In der Regel dann aber doch im Schlafzimmer, wie es sich gehört. Ist einfach bequemer.

Ungeachtet der meist bescheidenen architektonischen Qualität eines solchen Schlafzimmers wird dasselbe in den nächsten 36 Stunden nur mehr für die nötigsten Verrichtungen verlassen: Wege zum Kühlschrank, um kalte Getränke heranzuschaffen, zählen dazu, auch die Suche nach ein paar ganz bestimmten Videofilmen, die jetzt dringend begutachtet werden müssen, die man aber maximal bis zur Hälfte anschaut, weil man dann doch wieder eine bessere Idee hat.

Das erste Wochenende im Bett ist ein Gradmesser für die Alltagstauglichkeit der werdenden Beziehung: Wer so einen langen Zeitraum unfallfrei miteinander übersteht, ohne sich insgeheim vor die Sportschau, zu Freunden oder von mir aus aufs Oktoberfest zu träumen, hat beste Vorraussetzungen, ein paar glückliche Monate miteinander zu verbringen.

Aber das sind keine Probleme, mit denen sich der verliebte Mensch lange aufhält. Er hat genug damit zu tun, im Bett zu liegen und zu küssen, zu streicheln, mit Massageölen herumzusauen und exotische Sexpraktiken auszuprobieren. Überlegungen werden angestellt, wie lange eigentlich guter Sex dauert und wie viel man davon an einem einzigen Tag praktizieren kann, ob Sperma der Mundflora gut tut und warum ausgerechnet die verschämten Inder auf die größten Schweinereien gekommen sind. Zwischendurch erzählt man sich dann auch beiläufig die Anekdoten seines Lebens. Dinge, die *er* nur sechs Monate später nie gesagt haben will, Geständnisse, die *sie* besser nie gemacht hätte.

Später dann, in einigen Monaten, wenn jeder hofft, dass die eigenen Erzählungen aus 1001 Nacht längst wieder vergessen worden sind, tauchen sie dann unvermittelt wieder auf. Als argumentative Schnellfeuerwaffe in einem Streit, der nun nicht mehr zu gewinnen ist. Aber wie gesagt – bis dahin ist es noch ein weiter, weiter Weg.

Nach so einem verkehrsreichen Wochenende ist es schwierig, wieder auf der Erde zu landen. Montagmorgen steht er auf, der verliebte Mensch, mit wund gevögelten Geschlechtsorganen und Pudding in den Beinen. Selig grinsend pfeift er vor sich hin und hält sich für Gottes Gabe an die Schöpfung. Und wenn er gefragt wird, was er das ganze Wochenende so getrieben hat, dann sagt er: »Eigentlich … nichts!«

»Soll ich schnell mal duschen?«, frage ich Inga, bevor sie sich in mich hineingräbt. Sie schnüffelt an mir wie an einem Parfümpröbchen. »Nicht nötig«, sagt sie, »komischerweise mag ich deinen Schweiß!«

»Na danke!«, sage ich und schüttele sie ab wie ein bockiger Gaul. Inga lacht. »Dann mach aber hin, Waldmensch!«

Ich verschwinde in ihrem Badezimmer. Wir wohnen nicht zusammen. Ich war in den letzten sechs Monaten vielleicht 15 Mal hier. Ich weiß, wo sie ihre Pille aufbewahrt und ihre Epiliergerätschaften. Ich beeile mich nicht allzu sehr unter der Dusche, es war ein heißer Tag, den wir hauptsächlich damit verplempert haben, Boccia-Kugeln auf eine Sandbahn zu werfen und viel Eis zu essen. Als ich in Ingas Schlafzimmer komme, läuft der Fernseher. Sie liegt bereits im Bett. Normalerweise ziehe *ich* sie aus, aber an diesem Abend hat sie das selbst übernommen. Sie lacht leise: »Der Typ ist vollkommen gaga!« Sie meint Harald Schmidt oder vielleicht auch seinen Stichwortgeber Andrack. Beide sitzen im Häuptlings-Look auf einem Schreibtisch und rauchen Pfeife. Dazu brabbeln sie in einer Sprache, die sie selbst erfunden haben. Keine Ahnung, was das soll, aber aus irgendeinem Grund findet Inga das komisch. Ich ziehe mich aus und nehme Inga in den Arm. Harald Schmidt hat inzwischen eine französische Lohnkraft genötigt, sich auf einen Kölner Provinzbahnhof zu stellen und zu melden, wenn ein Zug einfährt. Sie macht das spröde, fast teilnahmslos, und das wiederum finde ich komisch. »Willst du nicht ausmachen?«, fragt Inga und dreht sich in meine Achselhöhle. Ich nicke: »Sofort. Zwei Minuten.« Inga sagt nichts. Schmidt fragt seine französische Arbeitnehmerin, ob sie das neue Preissystem der Bahn versteht, so als Ausländerin, und ob sie gedenke, demnächst mal etwas an ihrer Aussprache zu arbeiten. Schließlich sei sie beim Fernsehen. Ich denke einige Minuten darüber nach, wieso selbst der absurdeste Blödsinn bei Harald Schmidt immer als »intelligente Abendunterhaltung« durchgeht. Ich frage das auch Inga, aber ich erhalte keine Antwort: Sie schläft. Inga ist eingeschlafen! Ich bin einen kurzen Moment alarmiert. Dann küsse ich sie auf ihre Stirn und beschließe, nicht länger drüber nachzudenken, ob das jetzt der Anfang vom Ende ist.

Mitten in der Nacht weckt mich Inga plötzlich auf: »Ich bin eingeschlafen!« Sie wirkt verzweifelt. »Hab ich mitbekommen«, antworte ich. »Macht nichts.« Sie schaut mich zweifelnd an. »Demnächst willst du sicher meinen Wohnungsschlüssel, nicht?«, fragt sie leise, »nur so, für den Fall, dass du einfach nach dem Squash noch vorbeikommen willst?« Es entsteht eine kleine Pause, dann antworte ich: »Was hat denn das damit zu tun?« Danach schlafen wir wieder ein, leicht beunruhigt.

Wollt ihr die totale Beziehung?

Bleischwer im Hier & Jetzt

»Viele Menschen haben einseitige oder symbiotische Beziehungen, sie kompensieren ihre Unzulänglichkeiten durch ihr Gegenüber. Damit nehmen sie sich die Chance zur eigenen Entwicklung und damit zum wahren Glück. Wir sind alle göttliche Wesen mit einem großen Potenzial an Fähigkeiten und sind hier auf der Erde, um genau das zu leben.«

Werbetext für ein Seminar der Praxis für Medialität und Lebensfreude, Berlin

Mein Freund Wacker erinnert mich in gewisser Weise an die Olympischen Spiele. Natürlich ist er nicht ganz so penibel in seinem Zeitplan, aber doch annähernd verlässlich: Etwa alle vier Jahre leidet Wacker unter einer gescheiterten Beziehung. In den Wochen danach treffen wir uns täglich, und das ist dann ziemlich intensiv. Wir genehmigen uns eine Menge alkoholischer Erfrischungen. Er schwört, sich nie wieder auf eine Frau einzulassen, und singt in Kneipen Lieder von Johnny Cash und Hans Albers. Wir haben sehr viel Spaß miteinander und arbeiten seine aktuelle Trennung auf. Wir beschließen, nicht wieder den gleichen Fehler zu machen und in Zukunft darauf zu achten, uns nicht aus den Augen zu verlieren. Wir können uns schon bald nicht mehr vorstellen, ohne den anderen auszukommen. Wir reisen nach Prag und besichtigen eine Brauerei, wir reisen in den Club Med und arbeiten am Tennisarm, wir zelten am Plattensee und verkaufen Pflastersteine auf Flohmärkten. Wir spielen Jungs sein, und ich bin immer wieder überrascht, wie gut das funktioniert.

Nach spätestens sechs Wochen aber ist der Spuk abrupt vorbei. Plötzlich ist Wacker nicht mehr zu erreichen. Sein Anrufbeantworter ist voll, er meldet sich nicht zurück. Nach ein paar Tagen erfahre ich zufällig von einer gemeinsamen Freundin, dass er *jemanden* kennen gelernt hat. Nach zwei Wochen ruft er mich dann selbst an. Erzählt von der großen Liebe. Von der Person, auf die er schon sein ganzes Leben gewartet hat. Die ihn blind versteht. Mit der er Kinder haben will, eine Krebserkrankung überstehen und sogar die CDU/CSU-Regierungen in den nächsten 20 Jahren. Ich wünsche ihm viel Glück und schlage vor, dass wir uns treffen: »Dann erzählst du mir alles!«

Leider hat Wacker in dieser Woche keine Zeit, aber er will sich melden. Nächste Woche, ganz bestimmt. Ich lege auf, ein bisschen wehmütig. Mein Leben wird nun wieder etwas eintöniger sein. Das olympische Feuer ist aus. Für diesmal.

In den nächsten Monaten höre ich selten von Wacker. Hastige Telefonate, eine Postkarte zu meinem Geburtstag, ein oder zwei Abende im Jahr, bei denen er fahrig immer wieder auf die Uhr schaut. Es sieht so aus, als ob er nur darauf warten würde, schnell wieder nach Hause zu dürfen. Ich erfinde ihm zuliebe einen späten Termin, eine durchschaubare, absurde Behauptung.

Er aber nimmt mich dankbar in den Arm und eilt davon. »Wir sehen uns!«, sagt er zum Abschied, und ich muss lachen: »Klar. *Bald*!« Doch das hört Wacker schon gar nicht mehr. Es wird Monate dauern, bis ich wieder ein Lebenszeichen von ihm erhalte.

Ich bin Wacker nicht böse, wie könnte ich. Er ist der Ansicht, dass eine neue Liebe wie ein neues Leben sei, da unterscheidet er sich kein Stück von einem bekannten Schlagersänger, der in den letzten Jahren hauptsächlich Möbelhäuser eröffnet hat. Und so ein neues Leben will intensiv gelebt sein. »Keine Kompromisse!«, sagt Wacker. »Wenn ich mit jemandem zusammen bin, dann will ich möglichst jeden Tag, jede Stunde, jede freie Minute mit ihm verbringen.«

Ich kenne niemanden, der das so freimütig bekennt wie Wacker. Aber in meinem Bekanntenkreis gibt es eine Menge Menschen, denen dieser Wunsch *auch* nicht so ganz fremd ist.

Kennen Sie vermutlich, diese Gestalten. Sind frisch verliebt, jedenfalls noch im ersten gemeinsamen Jahr, und haben auch nichts anderes mehr im Kopf als ihre eigene Geschichte. Sie trauen sich nur nicht so recht, das öffentlich zu bekennen. Sie wissen, wie angreifbar sie sich machen und dass der allgemein akzeptierte Konsens in dieser Frage lautet: *Abstand halten, atmen lassen.* Die spürbare Diskrepanz zwischen dem intrinsischen Bedürfnis nach immer mehr Nähe und der eingeforderten formalen Abgeklärtheit führt zu einer Menge Selbstbetrug und einem amüsanten Ranking all ihrer öffentlichen Verlautbarungen. Die fünf beliebtesten

Auskünfte nämlich, die man von ihnen in Zeiten akuter Verliebtheit erhält, sind in dieser Reihenfolge:

1. »Meine Freunde sind mir *immer* wichtig!«
2. »Ach schade, an *diesem* Wochenende kann ich nicht!«
3. »Ach schade, in *der* Woche habe ich keine Zeit!«
4. »Ach schade, nächsten Monat ist es ganz schlecht!«
5. »Silvester? *Wir* denken mal drüber nach!«

Der Weg vom selbstbewussten ICH zum selbstverständlichen WIR ist kürzer als man glaubt. In den ersten Wochen einer frischen Beziehung treffen sich die füreinander entflammten Fraktionen eher sporadisch, so an zwei oder drei Abenden in der Woche. Vornehmlich an Wochenenden, Freitag und Samstag sind sehr beliebt. Da der Exsingle für gewöhnlich Rituale entwickelt hat, um sein soziales Drama wenigstens mit hohem Freizeit- und Erlebniswert zu kompensieren, dürften bestimmte Wochentage ohnehin erst einmal geblockt sein.

Der schleichende Prozess der Entindividualisierung läuft dann folgendermaßen ab:

Montags hat er diesen Lauftreff im Stadtwald. Mittwochs trifft er sich gern im Hinterzimmer einer griechischen Kaschemme mit ein paar Werbern und Journalisten. Mit denen schaut er gemeinsam Champions League auf Premiere und wettet auf die Ergebnisse, hinterher wird gekickert. Donnerstags sieht er eine alte Freundin, die sich, da notorisch allein stehend, zu einer verlässlichen Szenebar-Kennerin ausgebildet hat und von der er wöchentlich eine Liste mit unverzichtbaren CD-Tipps zugesteckt bekommt. Am Wochenende verabredet man sich dann mit allerlei versprengten Freunden und Bekannten – Singles in der Mehrzahl – fürs Kino oder in eine Bar, die exquisite Mojitos zu vernünftigen Preisen ausschenkt. Auch späte Brunchs in Tagesrestaurants, die sich in der Preisgestaltung an Millionärstöchtern orientieren, finden viele amtliche Freunde. Für Programm jedenfalls ist meistens gesorgt, schließlich hat man ja außer Fernsehen in den letzten 30 Jahren auch noch ein paar andere Interessen entwickelt.

Merkwürdigerweise ändern sich diese liebevoll ausgearbeiteten Wochenpläne von einem Tag auf den anderen, wenn man »jemanden kennen gelernt« hat.

Es beginnt schleichend, ganz harmlos. Der Lauftreff am Montag beispielsweise. Im Prinzip eine tolle Sache, das findet sie auch. Sie hat ohnehin vor, mal für einen Marathon zu trainieren. Also laufen sie zum ersten Mal gemeinsam am Wochenende, vor dem obligatorischen Einkaufsbummel auf dem Wochenmarkt, landen anschließend verschwitzt und glücklich über den eigenen gesunden Lebensansatz unter der Dusche. Es folgt erhitzter, gut durchbluteter Sex, der Duschkopf spielt eine delikate Rolle, beide sind sich einig: grandios. Abgespeichert wird auf dem gemeinsamen Erlebniskonto: Joggen macht geil!

Er schlägt vor, dass sie ihn am Montag mal in den Stadtwald begleiten könnte, der Lauftreff sei offen für jedermann, keine Verpflichtung, aber wirklich stressfrei mit sehr netten Leuten. Sie willigt ein, freut sich. Kann ja nicht schaden, Bauch-Beine-Po im Meridian Spa ging ihr ohnehin in den letzten Monaten schon auf den Wecker. Vier, fünf Wochen laufen sie samstags *und* montags und haben hinterher frischen, gut geduschten Sex. Laufen *macht* geil, keine Frage.

Ihr gefällt die Samstagstrecke besser, so landschaftlich gesehen. Außerdem ist ihr das Tempo in der Gruppe zu hoch. »Typisches Konkurrenz-Verhalten unter Kerlen«, lästert sie, »außerdem bringt es gar nix für den Trainingseffekt, so an der Grenze zu hetzen, das powert nur den Körper aus.« So hat er das noch nie gesehen. Aber er willigt ein, dass sie ein- oder zweimal hintereinander aussetzen: »Wir können ja stattdessen *unsere* Strecke laufen.« Beide finden es schön, ihre eigene Strecke zu haben, und wenn er mal drüber nachdenkt: So viel hatte er mit den Sportstudenten und diesen ausgezehrten Sonderpädagogen aus der Laufgruppe ja auch wieder nicht zu schaffen.

In den nächsten Monaten läuft er noch zwei- oder dreimal am Montag durch den Stadtwald, aber immer mit dem Gefühl, weder ihr noch seiner Laufgruppe gerecht zu werden. Er sagt eine lange geplante Tour nach Marburg ab, wo man gemeinsam an einem karitativ motivierten Stadtlauf teilnehmen wollte. Und das, obwohl die Gebühr nicht zurückerstattet wird. Das verärgert ihn. Er beschließt, endgültig auf den Lauftreff zu verzichten. Ihr sagt er: »Alles kleinkarierte Korinthenkacker!«

So viel zum Montag.

Champions League guckt er natürlich immer noch, jedenfalls ab dem Halbfinale. Er findet die Gruppenphase dieser überschätzten Geld-Liga ja ohnehin etwas langweilig, da muss man nicht jedes Spiel sehen. Außerdem geht er mit seiner Freundin neuerdings gern ins Schwimmbad. Ein gemeinsames Hobby, das sagt einem jeder Psychologe, verbindet ungemein. Und wenn man es auch noch gemeinsam beginnt, dann wird es sogar zum intimen Ritual. Natürlich schwimmen sie nicht jeden Mittwoch. Manchmal arbeitet sie ein wenig länger, dann lohnt sich die Fahrt raus ins Bad nicht mehr. *Premiere* hat er sich inzwischen nach Hause bestellt, da ist er an Mittwochabenden einfach flexibler für den Fall, dass sie es nicht rechtzeitig aus dem Büro schafft. *Premiere* findet sie auch gut. Nicht wegen der Champions League, nein, sie findet es praktisch, dass dort aktuelle Filme ziemlich bald nach dem Kinostart gezeigt werden. »Kino ist so teuer geworden!«, sagt sie und zieht ihre Knie auf dem gemütlichen Sessel an: »Und immer diese endlose Werbung vorher! Schrecklich.«

Natürlich wohnt man noch nicht zusammen in dieser Phase der Beziehung, aber im Badezimmer ist nicht mehr auf den ersten Blick zu erkennen, ob hier ein Männchen oder ein Weibchen zu Hause ist. Die meiste Zeit verbringen beide in *seiner* Wohnung, die liegt einfach zentraler, und etwas größer ist sie auch. Ab und zu bringt sie Blumen mit, und sie hat ihn schon überredet, den kleinen roten Ferrari aus der Schrankwand zu entfernen. Selbst an manchen Donnerstagen ist sie nun bei ihm, obwohl er da nach wie vor mit seiner alten Freundin ausgeht. Sie hat die beiden ein paar Mal begleitet, doch Bars und lange Gespräche über Musik geben ihr nicht so viel. Sie mag seine alte Freundin, findet nur, dass sie sich eine Spur zu sehr gehen lässt: »Um die Zeit noch Pasta – ich weiß nicht ...«

Er geht nach wie vor ganz gern aus, doch diese ganzen neuen Läden überfordern ihn: »Ich komm mir vor wie der Seniorchef einer Werbeagentur«, sagt er, wenn er junge Mädchen mit bauchfreien Tops und sehr viel

Metall im Bauchnabel an sich vorbeiziehen sieht. Er trinkt neuerdings auch viel lieber Wasser als früher. Ohne Kohlensäure, klar. Spätestens um 24 Uhr ist er wieder zu Hause, er weiß, dass sie mindestens sieben Stunden Schlaf braucht und an Donnerstagabenden immer auf ihn wartet. Er mag es, wenn er sie dann vom Fernsehsessel aufheben, wo sie sichtbar schon einmal eingeschlafen war, und ins Schlafzimmer tragen kann.

Nach ein paar Monaten haben sich zwei oder drei Pärchen herauskristallisiert, mit denen die beiden am Wochenende etwas unternehmen. Ein Picknick, ein Besuch im Museum, eine Wanderung entlang der heimischen Gewässer. Auch gemeinsames Kochen entpuppt sich als reizvolle Möglichkeit, Sozialgesten und *Gala*-Klatschgeschichten auszutauschen. Doch seitdem er ihre Mutter kennen gelernt hat, ist das Wochenende nicht mehr ganz frei von Verpflichtungen. Die Mutter lädt die beiden fast jeden Sonntag ein. Sie hat ihn in ihr Herz geschlossen. Sie erzählt von ihrem verstorbenen Mann und von den vielen gemeinsamen Plänen, die sie für den Ruhestand noch hatten. Er nimmt nicht jede Einladung an, doch er möchte auch nicht, dass seine Freundin traurig ist: »Es ist doch nur ein Nachmittag in der Woche!«

Sonntagabends gehen die beiden dann Hand in Hand durch die Dämmerung nach Hause und fühlen sich irgendwie erwachsen. Zum *Tatort* trinken sie ein Gläschen Wein, und dann gehen sie gegen 23 Uhr ins Bett. Bevor ihnen die Augen zufallen, sagt er leise und einfach so in den Raum hinein: »Eigentlich blöd, dass wir zwei Wohnungen bezahlen!« Sie dreht sich zu ihm, drückt ihren Mund auf seinen Oberarm und pustet fest dagegen: »Sehr romantischer Antrag, falls das einer gewesen sein sollte.« Sie lächelt und schließt die Augen. »Ich mein doch nur so«, sagt er, »stimmt doch auch.«

Das haben Sie sich verdient!

Verliebt in den Urlaub: wohin, warum, was dann?

»Es gab weitere Streitigkeiten. Ich erinnere mich an einen Krach in der Nähe von Losa del Obispo darüber, ob wir uns miteinander langweilten oder nicht, und an einen weiteren bei Sot de Chera, der angefangen hatte, als ich Chloe vorwarf, sie sei als Kartenleserin unfähig, und sie meinem Vorwurf damit begegnete, dass sie mich des kartographischen Faschismus bezichtigte.«

Alain de Botton, *Versuch über die Liebe*

Profis erkennen solche Paare auf den ersten Blick. Man darf das psychologische Feingefühl von Reiseverkehrskauffrauen nicht unterschätzen. Schon wie diese Paare das Reisebüro betreten: freudig erregt, eingehakt, demonstrativ *zusammen*. Sie blättern ein wenig im *Club-Med*-Katalog, sie küsst und knufft ihn in Sekundenabständen. Er schaut ein bisschen stolz, so als sei er der Ernährer einer größeren Population in freier Wildnis: Jaja, seht her, diese großartige Frau hat sich entschlossen, mit mir, ja mit MIR einige Tage in Italien, Spanien oder auf den Fidschis zu verbringen. Und ich kann das *bezahlen*! Nur für Profis ist das kurze, unruhige Flackern in seinen Augen erkennbar, und es ist ja auch gleich wieder weg. Schließlich werden sie sich schon einigen, denkt er, schließlich wollen sie bloß ein paar Tage Ruhe, einen Ortswechsel, Sonne wäre auch schön. Auch sie macht sich noch keinen Kopf. Sie freut sich bereits auf intensive zwei oder besser noch drei Wochen mit ihm. Endlich einmal etwas Zeit füreinander. Nicht bloß immer diese verhetzten Wochenenden. Sie stellt sich vor, mit ihm durch Museen zu schlendern, spannende Ausflüge in marokkanische Bergdörfer zu unternehmen, dreitätige Wandertouren auf La Gomera oder italienischsprachige Führungen durch die Toskana. Wird ja auch Zeit, dass sie mal wieder etwas für ihre Sprachkenntnisse tut. Ihm wird das sicher auch gefallen, denkt sie. In diesem Moment schauen sich beide zärtlich an, er küsst ihre Nasenspitze. Ihnen ist zum Glück nicht bewusst, dass dieser Kuss der letzte harmonische Moment an diesem Tag sein wird. Der Stuhl vor dem Pult wird frei, sie sind an der Reihe. Brav sagt der Reiseprofi sein Sprüchlein auf, »Wie kann ich Ihnen helfen?«, innerlich jedoch schon ängstlich hadernd.

Eine Stunde später befinden sich zwei glücklich verliebte junge Menschen mitten in einer ausgewachsenen Krise. Schlimm genug, dass sie sich nicht auf einen gemeinsamen Urlaubsort einigen konnten – doch bereits bei der Frage des Kontinents kam es zu Irritationen –, nein, sie mussten dieses hässliche Gemetzel auch noch vor den Augen der peinlich berührten Tourismus-Fachkraft austragen. Sie schaffen es gerade noch, den Laden gemeinsam zu verlassen, wie Mulis beladen mit ein paar Kilogramm Broschüren. Dann ist es mit der Selbstbeherrschung vorbei. Es folgt ein kurzer, bitterer Disput über geschmackliche Unsicherheiten, fehlendes Fingerspitzengefühl und *so* noch nie erlebten Egoismus, dann sprühen die beiden in entgegengesetzte Richtungen davon wie Überreste von Silvesterkrachern.

Lange, lange Zeit werden die beiden nichts voneinander hören – mindestens 24 Stunden, und es werden schreckliche, quälende 24 Stunden sein. Prinzipiell möchte man ja doch nichts lieber, als sich zusammen auf den ersten gemeinsamen Urlaub zu freuen. Schließlich ist das für ein Paar, das sich im gemeinsamen Erleben durch die ersten Monate des Beziehungsdschungels geschlagen hat, die ideale Projektionsfläche für den Traum von der absoluten Harmonie zu zweit. Sommer & Sonne, Bounty & Bacardi: Handlich verpackt in einen überschaubaren Zeitraum ist so ein Reiseplan ein Symbol für »Wir beide allein gegen den Rest der Welt«, losgelöst von Alltagssorgen und den ersten, manchmal (aber nur manchmal) etwas lauen Ritualen der letzten Monate. Der Urlaub als eine Energie-Spritze für die Beziehung und auch als eine Art Test für den nächsten, logischen Schritt: Halten wir es zwei Wochen am Stück miteinander aus, dann könnten wir doch auch mal ernsthaft über eine gemeinsame Wohnung nachdenken...

Das ist in etwa die seelische Gemengelage, in der zwei Menschen ein Reisebüro *betreten*. Wenn sie wieder herauskommen, sind sie oft um eine Illusion ärmer. Der Seelenverwandte an ihrer Seite hat sich als Nudist geoutet oder als Typ, dessen Idealvorstellung eines relaxten Urlaubs darin besteht, mit dem Rucksack auf ein chilenisches Bergmassiv zu kraxeln. Seine kleine Fee indes kann sich nichts Schöneres vorstellen, als im August durch Verona und Florenz zu flanieren, ein Museenführer in der einen und eine Anderthalbliterflasche Evian in der anderen Hand, um geistig und körperlich nicht zu verdorren. Das Fazit der gegenseitigen Vorlieben fällt dementsprechend unschön aus: *Krank!*, findet sie seine dummdeutsche Ertüchtigungsphilosophie; *Volkshochschülerin!*, nennt er sie in einem unbedachten, unhöflichen Moment. Das war's dann auch für Erste mit dem Traum von der totalen Harmonie. Es brechen 24 harte Stunden an, in denen über Beziehungsfähigkeit und Kompromissbereitschaft auf beiden Seiten nachgedacht wird und darüber, was eigentlich an chilenischen Bergmassiven, der Freikörperkultur und schattigen Museen so verkehrt ist.

Ich weiß nicht, ob es die beiden trösten würde, wenn sie wüssten, dass es sich bei ihrem kleinen Problem um einen Klassiker, ja um ein Stereotyp der gleichberechtigten Partnerbeziehung handelt. Schon seit der Pionierzeit der touristisch motivierten Völkerwanderung existiert der Konflikt *Wohin und warum?*, doch anders als heute wurde damals nicht lange gefackelt. Wollte Oma noch so gern an den Gardasee zu ihren kleinen Italienern – Opa gefiel es im Bayerischen Wald und damit basta!

Mit Gutsherrenbräuchen ist so ein Konflikt natürlich heutzutage nicht mehr zu lösen, vorausgesetzt, man glaubt daran, dass es in diesem Fall überhaupt einen Ausweg gibt. Denn schließlich wird hier nicht ein kleiner Gefallen verhandelt, es geht auch nicht darum, dass hier der Klügere (oder Schwächere ...) nachgeben könnte. Der Urlaub, darüber herrscht Einigkeit in der westeuropäischen Zivilisation, ist die heiligste Zeit des

Jahres, wir reden von den kostbaren, pflichtfreien Tagen, an denen Seele und Hemdzipfel endlich einmal aus der Hose baumeln dürfen. Und ausgerechnet hier soll man sich nun beschränken, soll sich einrichten mit einem faulen Kompromiss? Nach Italien reisen, obwohl man Pizza, Sonne und Strand nicht leiden kann? Oder Irlands Naturschauspiele lieben lernen, obwohl man in der Nähe von Bielefeld lebt und weiß, was Dauerregen mit Wäldern und Wiesen anrichtet? Das ist viel verlangt, selbst von Menschen, die sich gerade erst frisch ineinander verliebt haben und sich noch ein paar Illusionen über ihr erfülltes gemeinsames Leben machen.

Das ist jetzt vielleicht ein guter Moment, um ein paar kulturpessimistische Ansichten loszuwerden. Sie haben vielleicht schon vermutet, dass ich nicht unbedingt ein Parteigänger der harmonischen Zweierbeziehung bin. Ich glaube nicht daran, dass zwei eigenständige Charaktere dazu geboren sind, sich ständig Gedanken darüber zu machen, wie sie sich als Paar gerecht werden können, statt darüber nachzudenken, was für jeden Einzelnen gut ist. Das mag unromantisch sein und ist vielleicht auch kein sonderlich populärer Gedanke, aber es ist so. Ich glaube tatsächlich, Vorsicht: Binsenweisheit, dass ein Paar vornehmlich damit beschäftigt ist, sich mit Problemen auseinander zu setzen, die es allein nicht hätte. Vielleicht erinnern Sie sich daran noch aus meinem ersten Kapitel.

Denken Sie doch einmal nach: Warum zum Teufel spricht es für persönliche Reife, wenn man beispielsweise eine gemeinsame Wohnung einrichtet wie die

Butze eines farbenblinden Samurais, bloß weil *er* es mit fernöstlichem Fengshui hält und *sie* bei einem Jünger Andy Warhols in die Schule gegangen ist? Was macht es für einen Sinn, wenn sie beide jeden Mittwoch zusammen Badminton spielen, weil sie den Eindruck haben, *irgendwas* Sportliches müsse man ja schließlich gemeinsam unternehmen? Er hält Badminton bestenfalls für Federball und mag Squash oder Tennis. Sie hasst eigentlich alle Sportarten, bei denen Bälle und Schläger im Spiel sind. Da ist Badminton ein grandioser Kompromiss aus Pest und Cholera – es soll ja die Geste sein, die zählt. Aber jeden verdammten Mittwoch?

Letztes Beispiel, und da sind wir auch schon wieder beim Thema: Was wird wohl aus einem gemeinsamen Urlaub an Bulgariens Stränden, wenn er lieber auf die Osterinseln gereist wäre, um exotisches Leben zu studieren, und sie am liebsten Beach-Partys auf Ibiza gefeiert hätte? Theoretisch klingt Bulgarien nach einem prima Kompromiss, für seine exotischen Studieninteressen gibt's ja zwischen Varna und Sofia eine Menge Kultur in Bulgarien, und für Strände, Sonne und Musik ist in der neuen Kolonie der Ex-DDR auch bestens gesorgt. Trotzdem dürften sich beide Parteien den perfekten Urlaub anders vorgestellt haben.

Ich halte mich in diesem Kapitel nicht zufällig so lange mit der Wahl des Urlaubsortes auf. Hierbei nämlich wird schon die Saat gelegt für den möglichen späteren Beziehungs-Gau. Wer 14 Tage Zeit hat, sich Gedanken darüber zu machen, dass er sich zum falschen Zeitpunkt am falschen Ort aufhält, der denkt irgendwann einmal, dass er möglicherweise auch die falsche Person im Handgepäck mitgeschleppt hat. Gerade während der ersten längeren Sommerfrische mit dem Partner ist die Gefahr groß, dass es zu unliebsamen Überraschungen kommt, dass bei der Type, mit der Sie sich das Badehandtuch teilen, Charaktereigenschaften zu Tage treten, die Sie zuletzt im Kino gesehen haben: im Director's Cut der *Familie Flodder* etwa oder im *Terminator III*. Und dann können aus sonnigen 14 Tagen nicht die schönsten, sondern die längsten Wochen des Jahres werden.

Das perfekte Urlaubsziel für Paare gibt es nicht, auch wenn Ihnen die einschlägige Werbung einen anderen Eindruck suggerieren will. Aber immerhin gibt es einige Ziele, die Sie mit Sicherheit NICHT ansteuern sollten, wenn Ihnen Harmonie und etwas Seelenfrieden wichtig sind.

Bitte vermeiden Sie in Ihrem eigenen Interesse

- *Venedig* während der Hauptreisezeit. Man fühlt sich ständig, als sei man auf einem Robbie-Williams-Konzert in der ersten Reihe gelandet, leider ohne Robbie Williams. Der Preis für ein Getränk auf dem Markus-Platz übersteigt das Bruttosozialprodukt von Liechtenstein. Außerdem können die Gondoliere nicht singen, führen aber Plastiktüten an Bord. Nicht ohne Grund.
- *London*. Gilt als Synonym für »Heiße-Szene-Location«, das erkennt man daran, dass vornehmlich blasse und schlecht ernährte Leute Staubsaugerbeutel mit Stricklogo auftragen und in die Clubs eingelassen werden, vor denen Sie zwei Stunden vergeblich gewartet haben. Selbst die Themse ist dreckig.

- *Mallorca*. Ist immer heißer, als Sie gedacht haben, Camper-Schuhe gibt's auch nicht billiger, obwohl sie hier hergestellt werden, und der Satz »Ist viel schöner, als man glaubt« entpuppt sich als Alibi der Inseldeutschen, die behaupten, an der Westküste Mountainbike zu fahren, aber hauptsächlich am Ballermann gesehen werden.
- *Malediven* (ersatzweise Martinique, Bahamas etc.). Perfekte, wunderschöne Postkarten mit dem Unterhaltungswert eines Maulwurfhügels. Nur mit der Stadtbücherei im Gepäck hat man hier eine Chance, sich nicht vor Langeweile selbst zu verstümmeln. Natürlich gibt es vereinzelt kulturelle Anlaufpunkte: So sind die Wracks eines Mofaunfalls von 1987 zum Technischen Museum umgebaut worden.
- *Rom* ganzjährig. Nur für Paare geeignet, die ihre Mobiltelefon-Phobie bekämpfen wollen. Ansonsten schlecht für *ihn*, weil ausnahmslos alle Jungs besser aussehen und gekleidet sind als er. Schlecht für *sie*, weil ausnahmslos alle Jungs besser aussehen und bekleidet sind als ihr verdammter Begleiter – aber alle noch bei Mama wohnen. Und aus dem Fiat-Bambino-Rückbank-Alter ist sie raus.
- *Jeden Ort*, an dem sie oder er vorher schon mal waren. Orte, mit denen Erinnerungen verknüpft sind wie: »Der schönste Urlaub meines Lebens, ich war so verliebt!« oder »Da kann ich dir ein paar ganz tolle Plätze zeigen« bis hin zu »Diese Nacht mit Christos auf dem Fischkutter werd ich nie vergessen.« Vermeiden Sie den Vergleich – verklärte Vergangenheit ist ein übermächtiger Gegner.

Haben Sie sich erst einmal auf ein Ziel geeinigt, das beiden Reiseteilnehmern zusagt, ist im Urlaub selbst dann alles ganz einfach. Es gibt nur ein paar ganz kleine Regeln …

Was ER beachten sollte:

Zeigen Sie Ihre Unzufriedenheit nicht, wenn Sie nur jeden zweiten Tag Sex haben können – *sie* will entspannen und nicht für die Olympischen Spiele trainieren. Lassen Sie auf keinen Fall *sie* die Straßenkarten lesen. Knausern Sie nicht bei den Hotels. Vermeiden Sie Urlaubsbekanntschaften mit attraktiven Mitreisenden. Betrinken Sie sich nicht vor 21 Uhr an der Poolbar. Fahren Sie keine zwei Stunden in den nächsten Ort, um die BILD oder den Kicker zu kaufen. Erkundigen Sie sich in der Landessprache nach den Reformen gegen die Kinderarbeit, bestaunen Sie steinzeitliche Geröllhaufen und düstere Tempelgewölbe. Geben Sie die Fernbedienung des TV-Geräts an der Rezeption ab. Versiegeln Sie die Minibar.

Was SIE beachten sollte:

Zeigen Sie Ihren Verdruss nicht, weil er jeden zweiten Tag Sex will – er hat bei *Akte X* gelernt, dass im Urlaub die hormonellen Gesetze des Alltags außer Kraft gesetzt sein sollen. Kritisieren Sie ihn nicht dafür, dass er das Mietauto durch den ungewohnten Linksverkehr fräst, als erhielte er Punkte für jeden Verletzten. Meckern Sie nicht über den nächtlichen Lärm vor dem Hotel – er hat es zwar ausgesucht, aber im Prospekt stand nichts vom Bau eines neuen Parkhauses. Freunden Sie sich ruhig mit dem Club-Tennislehrer an – keine gute Idee ist es allerdings, wenn Sie ihm glauben, dass er wirklich eine Massage-Ausbildung gemacht hat und Ihnen das auf Ihrem Zimmer gern beweisen würde. Verlangen Sie nicht von ihm, dass er sich um sechs Uhr morgens mit Ihnen in einen Bus setzt, um einen Ausflug zu einem interessanten Basar im Innern des Landes zu machen. Es reicht, wenn *einer* sich in Lebensgefahr bringt und/oder für goldig glänzenden Schund ausgenommen wird wie nichts Gutes. Adoptieren Sie keine streunende Katze oder einen verlausten Hund – denken Sie daran, dass Sie das Tier dann spätestens in einem Jahr an der Autobahn aussetzen müssen, wenn es wieder auf große Fahrt geht. Versuchen Sie den Besuch von Museen und archäologischen Funden aufs Nötigste zu beschränken. Es hat schon seinen Grund, dass Sie in Ihrer Heimatstadt zuletzt 1998 eine kulturelle Veranstaltung besucht haben – und das war ein Gastspiel des Bad Tölzer Komödienstadels. Lesen Sie nicht mehr als drei Superweiber-Romane von Gaby Hauptmann, Helen Fielding oder Ildiko von Kürthy, sonst fühlen Sie sich wertlos, hässlich und achten beim Hotelbüfett auf den Fettgehalt der Eierspeisen. Verlieren Sie das Rückflugticket nicht ...

Wer den ersten gemeinsamen Urlaub ohne größere Blessuren übersteht, wird reich entlohnt. Die Beziehung hat eine weitere wichtige Etappe auf dem Weg zur eheähnlichen Verbindung gemeistert. Und das erste gemeinsame Fotoalbum gab's inklusive. Wunderbares Material, um in spätestens zwei Jahren das Kaminfeuer anzufachen.

Du bist schon okay – so weit …

Eine Persönlichkeitsveränderung in vier Akten.
Ein Trauerspiel!

»Das heißt wirklich lieben: jemanden beleidigen und verwunden, um ihn zu bessern.«
Michel de Montaigne

»Zehn Jahre müht eine Frau sich ab, die Gewohnheiten ihres Mannes zu ändern, und dann beklagt sie sich, er sei nicht mehr der, den sie geheiratet habe.«
Barbra Streisand

Am Anfang sind es nur kleine Blicke. Ganz vorsichtige, leicht angespannte, aber noch betont wohlwollend. »Aha«, sagen diese Blicke, »schön, dass ich mal jemanden kennen lerne, der seine Söckchen auch in Flip Flops trägt. Interessant.« Oder sie sagen, einigermaßen gepresst, aber immer noch *verständnisvoll*: »Natürlich ist es für mich überhaupt kein Problem, dass du an *jedem* Wochenende für die FDP Wahlkampfhilfe leistest.« Oder sie sagen, diese Blicke, sichtbar seufzend: »Nein, nein, ich finde es total o.k., dass du deinen Exfreund viermal die Woche zum Mittagessen triffst – du bist ja kein Strafgefangener …«

Ich warne ausdrücklich. Falls Sie im Großen und

Ganzen mit sich im Reinen sind und an Ihren selbst gewählten Lebensumständen hängen, dann ist jetzt Vorsicht geboten. Ein größerer Umerziehungs-Prozess steht an, und Sie, ja, genau: *Sie* wird es treffen, wenn Sie sich nicht zur Wehr setzen und im richtigen Moment sagen: Nicht mit mir!

Denn aus diesen ersten, scheuen Blicken werden leise Bitten. *Kannst du nicht*... und *Wäre doch schön, wenn*... Aus Bitten werden Vorwürfe: »*Immer machst du*...« Aus Vorwürfen erwachsen Forderungen: »*Wenn nicht, dann*...« Und am Ende das Ultimatum: »*Ich gebe dir noch eine Chance*...«

Und wenn Sie die dann vergeben haben, sind Sie wieder Single. Aber Sie haben sowieso keine Wahl – auch wenn Sie Ihre »Chancen« nutzen und tun, was von Ihnen verlangt wird, auch dann werden Sie am Ende wieder allein sein. In diesem Spiel gibt es wenig zu gewinnen. Also flüchten Sie, *bevor* aus Blicken Bitten werden und die Demontage Ihrer Persönlichkeit ins Visier genommen wird. Dann sind Sie zwar auch wieder Single, aber Ihren Stolz haben Sie noch im Handgepäck.

Falls Ihnen das jetzt alles viel zu schnell ging, hätte ich noch eine kleine Geschichte anzubieten. Von meinem Freund Stefan, dem Wachsrücken, dem Mann, der liebte und irgendwie zurückgeliebt wurde...

Prolog

Am 24. März 1999 lernte Stefan die schöne Grit in einer überfüllten Küchenzeile kennen. Beim Versuch, eine Flasche Perlwein aus dem Kühlschrank zu angeln, verlor er kurzzeitig die Übersicht und stürzte gegen eine ihm bis dahin unbekannte, aber überaus attraktive junge Dame. Die wiederum griff auf der Suche nach festem Halt in ihrer Not mitten in die säuberlich aufgereihten Käsepicker, was ihr nur wenig nutzte und dem Käse nicht bekam. Einige Pappbecher, randvoll mit Bier, kippten ungefähr zum gleichen Zeitpunkt zur Seite, ebenso wie das überraschte Opfer und zwei, drei weitere Fetengäste, die sich dummerweise in unmittelbarer Nähe aufgehalten hatten. Ähnlich unterhaltsam verlief auch der weitere Abend – sie lachten gemeinsam über seine motorischen Probleme, Stefan versprach, selbstverständlich für die Reinigungskosten aufzukommen, sie gingen ins Kino, ins Restaurant, eine Woche später ins Bett. Das Übliche.

1. Akt

16. Juni 1999

»Duhu«, sagte Grit mit honigsüßem Unterton, »kannst du mir einen Gefallen tun?« – »Klar«, antwortete Stefan gut gelaunt und griff nach einem Paar derber Stiefel, die er auf einem dänischen Flohmarkt billig geschossen hat und seither trägt wie eine Auszeichnung der Fremdenlegion. »Kannst du ausnahmsweise, nur heute Abend, weil wir ja auch meinen Vater treffen und...« – »Hey, Grit, sag schon, ich mach sowieso alles, was du mir befiehlst, Herrin...«, unterbrach er ihr verlegenes Gestammel und meinte es vermutlich sogar genauso: »Was ist los?«

Sie atmete tief durch: »Kannst du heute Abend ausnahmsweise mal ein paar andere Schuhe anziehen? Nichts gegen diese Dinger, ich meine: Deine Stiefel, die sind ganz schön, aber mein Vater hält das vermutlich für Sondermüll vom Castor-Transport. Und ich sehe ihn doch nur so selten.«

Im nächsten Moment lernte Grit einen neuen Gesichtsausdruck kennen, er hieß: konsterniert. Stefan hatte keine Idee, was sein Schuhwerk mit der sozialen Tragödie in der Familie seiner Freundin zu tun haben sollte.

»Hey, ich liebe meine Stiefel. Ich fühle mich wohl darin. Was ist falsch an ihnen?«

«Okay, schon gut. War ja nur eine Frage. Vergiss es.«

Grit schaute wie ein angeschossenes Reh kurz vor der Vier-Uhr-Visite.

Stefan kennt diese Frau nun seit fast drei Monaten. Sie harmonieren prächtig, verbringen jede freie Minute miteinander. Seine kribbelige Verliebtheit tendiert seit einigen Tagen dazu, sich in eine Beziehung mit Perspektive zu verwandeln. Unwillig dreht er sich noch einmal vor dem Spiegel, ihm gefallen seine Stiefel. Aber das spielt jetzt keine Rolle: Er küsst Grit, sehr männlich, wie er meint. Beiläufig schüttelt er sich die Stiefel von den Füßen und tauscht sie gegen ein paar kaum getragene Wildlederschuhe, die jedem Schwiegervater der Welt gefallen dürften. Grit ist glücklich, nimmt ihn in den Arm und bedankt sich mit einem Lächeln, das er von Glücksfeen im Fernsehen kennt. Arm in Arm verlassen beide die Wohnung. Mit einem beiläufigen Tritt kickt sie seine Stiefel weit in den Flur hinein. Bis zum Müllschlucker schafft sie es nicht ganz. Beim Hinausgehen denkt sie schon nicht mehr daran und fragt: »Sag mal, hat Gerrit eigentlich angerufen, wegen Tennis am Samstag?«

2. Akt

3. September 1999

»Mein Trainer hat mir geraten, auf jeden Fall einen Dunlop XCV mit Unterkantenrelais und gerippter Biberbürzelbespannung zu kaufen«, belehrt Stefan einen verdutzten Sportartikelverkäufer. Vermutlich hält der arme Mann Stefan jetzt für einen Daviscup-Spieler mit gläserner Vitrine in seiner Villa. Dabei ist er vor einem halben Jahr noch davon ausgegangen, dass Tennis eine Sportart ist, die man mit Helm und Schienbeinschützern ausübt. Und jetzt kauft er seinen eigenen Schläger. Toll. Grit steht neben ihm und drückt seine Hand. Toll – findet sie auch.

»Du musst ein bisschen mehr tun«, erwähnte sie vor einigen Wochen beiläufig, zwickte ihn dabei in seine gepolsterte Lende und lachte: »Damit wir beim Sex ein bisschen flexibler sind.« Stefan war guter Laune und vom Ringelpiez noch ziemlich ausgelaugt. Also nickte er bloß blöde und dachte kurz darüber nach, was »ein bisschen flexibler« heißen mochte. Derartig angeregt, grinste er wohl ein wenig stumpf, was sofort als begeisterte Zustimmung ausgelegt wurde. Jedenfalls alarmierte Grit ihren Freund Gerrit, einen Tennislehrer, der Stefan seitdem jeden Samstag zwischen zehn und zwölf Uhr auf gelbe Filzkugeln dressiert. Dienstag- und Donnerstagabend überprüft Grit persönlich, wie es um seine Fortschritte bestellt ist.

»Ich finde es schön, dass wir so viele gemeinsame Interessen haben«, wispert sie ihm leise ins Ohr, während er an der Kasse den Tennisschläger, ein paar Schuhe, zwei Schweißbänder und eine Taucheruhr bezahlt. »Aber jetzt müssen wir uns beeilen, sonst schaffen wir im Schwimmbad unser Pensum nicht.« – »Ich muss noch kurz Heiner anrufen«, entgegnet Stefan, bereits leicht gehetzt, »wir waren gegen fünf verabredet.«

Heiner ist Stefans bester Freund. Sie lesen gemeinsam Zeitung in Cafés und schimpfen auf Feuilletonisten. Sie trinken Astra und kommentieren die Bestsellerlisten im *Spiegel*. Manchmal sitzen sie in einer Bar und sprechen überhaupt nicht. Das sind die schönsten Abende.

»Das schaffst du nicht«, sagt Grit, »früher als sechs kommen wir leider nicht da raus. Und später sind wir bei Effi und Lothar, die kochen extra.« – »Nee, das geht nicht«, sagt Stefan, einen kümmerlichen Rest Wechselgeld einsteckend. »Ich habe Heiner erst letzte Woche versetzt, als du mir meinen schönen Anzug ausgesucht hast und die neuen Schuhe!«

»Also hör mal, so läuft das aber nicht. Ich sorge dafür, dass du mal unter Leute kommst und nicht ständig hinter deinen Büchern hockst, arrangiere das Essen bei *unseren* Freunden – und jetzt willst du mich hängen lassen? Ständig machst du das!« – »Nein, nein«, antwortet Stefan, »wieso hängen lassen?«

Dann fällt ihm nichts mehr ein, außer, wieso Heiner nicht zu den Leuten zählt, unter die er kommen soll, und wer zum Teufel eigentlich Effi und Lothar sind. Aber er sagt nichts, weil er ihnen die Stimmung nicht verderben will. Schließlich wollen sie am Wochenende eine Bergwanderung machen und auf dem Rückweg noch kurz auf einen Sprung bei Grits Vater vorbeischauen.

»Hast du mal 50 Cent zum Telefonieren?«, fragt er milde lächelnd. Grit gibt ihm die Münze: »Aber beeil dich. Du kannst Heiner ja zu deinem Geburtstag einladen.« Gute Idee. Der ist ja auch schon im Januar.

3. Akt

20. Dezember 1999

Das Telefon klingelt. Stefan geht dran. »Heiner hier«, meldet sich eine Stimme, die ihm aus alten Tagen irgendwie bekannt vorkommt. »Hast du einen Moment Zeit?«, fragt er.

»Aber klar, Heiner, was liegt an?«

»Nichts Besonderes. Nur die übliche Frage in dieser Jahreszeit: Heiligabend, bei *Lude*, so gegen 11 Uhr?«

Stefan schweigt.

»So wie immer«, legt Heiner nach, »so wie jedes Jahr, mit Claus, Bo und Gerdi?«

»Äh, Heiner, weißt du, also dieses Jahr ist es wirklich ganz schlecht.«

Im Hintergrund wedelt Grit mit einem Seidenhemd und zeigt auf die Uhr. Sie besuchen nachher wieder dicke Leute, die in glänzenden Kleidern laut schreien. Grit nennt es Oper.

Aber Heiner hat natürlich Recht. Sie treffen sich *immer* an diesem Tag. Es ist so eine Art exklusives Abi-Treffen. Nur die paar Leute, die es im ersten Anlauf nicht geschafft haben. Seit sechs Jahren tun sie das. Ist immer schön. Sie vergleichen ihre Autos, Einkommensverhältnisse und Verfallserscheinungen, tauchen ab in die pubertäre Welt von Gymnasiasten und sind so gegen 14 Uhr meistens sehr betrunken. Dann verabreden sie sich fürs nächste Jahr, gleiche Zeit, und fühlen sich auf dem Nachhauseweg wie Menschen mit einer eigenen Geschichte. »Tut mir Leid, Heiner«, schmirgelt Stefan leicht beklommen in den Hörer, »wir fahren schon am 23. zu ihrem Vater nach Rosenheim.«

Er denkt mit Schrecken daran. Gegen 15 Uhr steht der Besuch einer bayrischen Christmette auf dem Programm.

»Weißt du, Grit bedeutet es sehr viel, in dieser Zeit bei ihrer Familie zu sein. Und ich möchte da einfach Rücksicht nehmen.«

Na ja, er muss, wenn er ehrlich ist. Sie verstehen sich blendend. Er denkt in warmen Momenten sogar schon mal flüchtig an die verbotenen Worte: Heirat. Kinder. Einfamilienhaus. Er glaubt, an Weihnachten jetzt einfach Abstriche machen zu müssen. Sieht er ja ein. Er kann nicht einfach so tun, als gäbe es nur ihn auf der Welt. Und die kleinen Unstimmigkeiten und Missverständnisse der letzten Wochen, na ja – da will er einfach vorsichtig sein.

»Weißt du, was du bist?«, dröhnt es derweil aus der Telefonmuschel. »Ein armseliger Pantoffelheld mit eingebauter Nickvorrichtung. Wann warst du zuletzt mal allein vor der Tür? Wir haben uns seit fünf Monaten nicht gesehen, du gehst nicht mehr zu *Lude* und kommst nicht mehr ins Stadion. Und als Gertrud dich zufällig im Tennisheim getroffen hat – sag mal, was machst du eigentlich da? –, hast du ein schweinchenrosafarbenes Jackett getragen. Du hast ausgesehen wie der Gärtner von David Hasselhoff, meinte Gertrud. Bist du in letzter Zeit mal auf den Kopf gefallen oder was?«

Heiner ist ein Freund. Stefans bester Freund – na ja, auch der einzige, der ab und zu noch anruft. Aber was zu viel ist, ist zu viel: »Du Kneipenliterat, du Umschüler«, bellt Stefan zurück, »verschon mich von deinem Geseier, und bleib bei deinen Astrafreunden. Nichts dagegen!« Dann legt er auf, traurig, dass ein guter Mann wie Heiner sich weigert, erwachsen zu werden.

»Meine Güte, bist du endlich fertig, wir kommen ja schon wieder zu spät!«

Wieso schon wieder? Grit wirft Stefan den Smoking zu. »Weißt du, was ich glaube? Du hast gar keine Lust, mit mir in die Oper zu gehen! Du triffst dich lieber mit deinen Kumpels wie diesem Heiner in dieser Bar. Weil du nämlich keine Interessen hast. Alles muss ich arrangieren, ständig muss ich hier die Entscheidungen über dein Leben treffen. Werde doch endlich mal erwachsen!«

Das Leben ist nicht fair. Stefan bemühte sich, und der Abend bei den dicken Leuten wurde noch ganz schön.

4. Akt

24. März 2000

Grit und Stefan feiern. Jahrestag. »War ein schönes, aber auch anstrengendes Jahr«, formuliert er schon mal im Geiste seine kleine Rede und entkorkt den Champagner. »Duhu«, sagt Grit, diesmal aber ohne jeden klebrigen Unterton. »Weißt du, ich sollte das vielleicht nicht gerade heute sagen, aber andererseits plage ich mich schon zu lange damit herum: Ich habe nachgedacht – irgendwie funktioniert das nicht mehr mit uns!« »Was? ... WAS!?« Stefan sieht aus, als ob er gerade bei *Wer wird Millionär* an der 50-Euro-Frage scheitert. Grit bleibt cool:

»Na ja, ich habe irgendwie gar kein Bild mehr von dir. Du hast dich so verändert, seitdem wir uns kennen gelernt haben. Ich meine, du kleidest dich gut, wir machen viel Sport zusammen, treffen Freunde – alles prima. Aber irgendwie ist der Kick weg, wenn du weißt, was ich meine. Und unser Sexleben – na ja. Irgendwie lahm geworden, findest du nicht?«

Nein, das findet Stefan ganz und gar nicht. Im Gegenteil. Durch diesen dämlichen Sport ist er *flexibler* als je zuvor. Aber das interessiert Grit ja gar nicht.

»Als ich dich kennen lernte, da warst du irgendwie anders. So authentisch. Schräg zwar irgendwie, aber eigen. Kein Sport, komische Klamotten, ein Musikgeschmack wie die Regensburger Domspatzen. Aber deshalb habe ich mich ja erst in dich verliebt. Und jetzt? Da ist irgendwie nix mehr von übrig. Na ja, ist ja auch egal. Jedenfalls glaube ich, dass wir uns trennen sollten. Was meinst du?«

Authentisch? Schräg? Eigen? Seit wann sprach Grit so viele Fremdsprachen? Stefan nickte nur kurz. Als er wieder aufsah, weil der Kellner die Stühle an den anderen Tischen zusammenschob, war sie längst weg. Bei Heiner lief der Anrufbeantworter. Stefan hätte ihm gern persönlich erzählt, warum er sich dringend von Grit trennen musste: »Die akzeptiert mich einfach nicht so, wie ich bin!«

Epilog

21. November 2000

Es geht ihm gut. Doch, doch. Auf Frauen kann er gut verzichten, zuzeit. Heiner trifft sich wieder mit Stefan. Nicht nur Heiligabend. Er macht sich zwar darüber lustig, dass Stefan immer noch gern Tennis spielt, aber meistens sitzen sie zusammen, trinken Astra, lachen über die Bestseller im *Spiegel* und schweigen sich entspannt an. Ein paar der diskreteren Anzüge, die Grit ausgesucht hat, wurden von einem Theaterfundus angekauft. Und die dicken Leute schreien in Zukunft auch ohne Stefan.

Mi casa, su casa!

Schöner wohnen für Verliebte ... und eine ganz alte Diskussion

»Wir können nicht zusammenziehen. Ich habe nämlich ein Problem. Ich muss mein eigenes Leben führen, sonst löse ich mich auf. Es ist nicht nur, dass ich die Tür hinter mir zumachen können muss; es ist ein psychologisches Ding, eine Mutterschoßangelegenheit. Nicht dass ich dich nicht wollte, es ist eher die Furcht, dass ich dann nur noch dich will und irgendwann feststellen muss, dass nichts mehr von mir übrig ist. Also entschuldige es bitte als Teil meiner allgemeinen Verkorkstheit, aber ich fürchte, ich muss die Reisetaschenlady bleiben.«
Alain de Botton, *Versuch über die Liebe*

»An der Seite vieler Männer kann sich eine Frau maximal den Rang eines Möbelstücks erarbeiten.«
Amelie Fried

Theorie...

Machen Sie sich keine Illusionen. Es rechnet sich nicht. Wirklich nicht. Falls Sie die Absicht haben, Ihren Wunsch nach mehr Zweisamkeit, Nähe oder sozialer Kontrolle durch eine gemeinsame Wohnung zu manifestieren, dann gibt es *einige* Gründe, die Sie später mal als Entschuldigung für diesen radikalen Richtungswechsel ins Feld führen können. Aber behaupten Sie nie, Zusammenwohnen sei praktisch und preiswert. Abgesehen von einem Romantik-Defizit, das Ihnen Ihr Partner höchstwahrscheinlich vorhalten wird, ist diese Argumentation ganz einfach falsch. Natürlich sind die beiden Zweizimmerbuden, die jetzt frei werden, zusammen teurer als der hübsche Vierzimmeraltbau in einem ruhigen Stadtviertel etwas außerhalb, und sogar einen Balkon hat das putzige Schmuckstück. Doch die 150 Euro, die hier monatlich eingespart werden, fallen auch langfristig kaum ins Gewicht. Schon für diesen Cabrio fahrenden Maklermops mit Klemmbrett, der zwischen Golf und Lunch ein paar Minuten Zeit für Sie erübrigen konnte, zahlen Sie drei Monatsmieten Provision. Auch der Vormieter hält für einen schätzungsweise 150 Jahre alten Teppich die Hand weit auf. Sie wollen zwar ohnehin Parkett in die Wohnung legen, aber ohne Teppich-Ablöse kriegen Sie den Mietvertrag erst gar nicht zu sehen.

Bis Sie eingezogen sind, haben Sie also bereits ein erstes ernstes Gespräch mit Ihrem Bankberater hinter sich. Und dabei hatten Sie bis zu diesem Moment noch nicht einmal angefangen, die Kosten für die neue Einrichtung und den Umzug hochzurechnen. *Wallpaper* und *Architektur & Wohnen* haben allerdings ein paar Einrichtungsideen geliefert, ohne die kein würdevolles Weiterleben möglich erscheint. Glücklichere Zeitgenossen haben nun die Möglichkeit, bei Opa Gerd vorbeizuschauen, oder erinnern sich an Erbtante Eleonore im Sauerländischen. Für die weniger Privilegierten unter uns heißt der Wunsch, mit seinem Partner zusammenzuziehen, dass man sich ein paar Monate von Käpt'n Iglu bekochen lässt und bei Ausgaben ab 300 Euro über den ersten Banküberfall seines Lebens nachdenkt.

Das wäre ja alles gut zu verkraften, wenn durch die gemeinsame Wohnung auch die Liebe spürbar aufgemöbelt worden könnte. Doch in dieser Hinsicht sind sich die Betroffenen oft schon drei Monate nach dem Einzug ins Glück zu zweit nicht mehr so ganz sicher. Wenn Sie ehrlich sind – viele wissen zu diesem Zeitpunkt nicht mal mehr so genau, warum sie ihre eigenen vier Wände überhaupt verlassen haben ...

»Das hat sich einfach so entwickelt«, sagen sie ihren Freunden, »und außerdem ist es ja auch preiswerter!« Dann zucken sie kurz zusammen und erinnern sich daran, dass dieser lässig hingeworfene Halbsatz nur stimmt, wenn die Vorlaufkosten des Liebesnestes in den nächsten zwölf Jahren abgewohnt werden.

Kein sonderlich glücklich machender Gedanke, stellen Sie etwas befremdet fest. Und – schneller Rücklauf – fragen sich, wie es zu der neuen Adresse, den roten Zahlen auf dem Konto und diesem ganz neuen Wohngefühl kommen konnte ...

Ein kleiner Rückblick in fünf Stufen

Stufe 1

Sie kennen sich jetzt etwa sechs bis sieben Wochen, treffen sich regelmäßig und verbringen mindestens zwei Nächte in der Woche zusammen, meistens freitags und samstags. An einem Dienstagmorgen bemerkt er plötzlich, dass er in seinem Badezimmer von einem gelben Ding mit Bart beobachtet wird. Es handelt sich um ihre Zahnbürste, die offenbar hier allein zurückgelassen worden ist. Zärtlich lacht er das Putzutensil an – er wird gut darauf aufpassen.

Stufe 2

Nach etwa drei Monaten verteilen sich Gegenstände des täglichen Gebrauchs in Wohnungen, in denen sie im Grunde nichts verloren haben. Zur Zahnbürste haben sich in seinem Badezimmer allerlei Tinkturen, Cremes, Sprühdosen und Shampoos gesellt, inklusive einer Packung Antibabypillen für den Fall, dass sie ihre mal zu Hause vergisst. In ihrer Wohnung deponiert er ein paar frische Hemden, weil er keine Lust mehr hat, noch vor der Arbeit zu sich nach Hause zu fahren, um sich umzuziehen.

Stufe 3

Nach etwa sechs Monaten verbringt man fast jeden Abend zusammen. Neuerdings kommt sie auch noch bei ihm vorbei, wenn sie vorher lange gearbeitet hat oder beim Sport war, nur um bei ihm zu übernachten. Sie hat einige Kochbücher – nur die wirklich unverzichtbaren – in seiner Küche verstaut. Außerdem verfügt er jetzt endlich über ausreichend Gewürze, einen Pürierstab und sogar eine Knoblauchpresse – Dinge, von deren Existenz er nie etwas geahnt hat. In ihrer Wohnung lagern seine Fachzeitschriften, vergessene Unterhosen und der Steuerbescheid des vergangenen

Jahres – man kann nicht gerade sagen, dass er seine Präsenz in ihrem Domizil systematisch angehen würde.

Stufe 4

Der neunte Monat. Ein Ersatzschlüssel kommt auf die Welt. Mit einer feierlichen Geste übergibt er ihn wie die Krone von England und küsst seine schwer geschmeichelte Partnerin väterlich auf die Stirn. Er weiß, dass die Beziehung durch diesen Akt der Selbstaufopferung auf eine höhere Stufe gestellt wird: »Du bist jederzeit willkommen!«, lautet die unverhohlene Botschaft, *mi casa, su casa* …

Allerdings möchte er auch vermeiden, dass sich wieder so ein gemeiner Streit entwickelt wie in der letzten Woche: Da hatte er schlechterdings vergessen, dass sie nach dem Sport noch zu ihm kommen wollte. Und so kehrte er an jenem Donnerstag gegen zwei Uhr morgens breit wie eine Natter zu einem voll gekeiften Anrufbeantworter nach Hause zurück.

Stufe 5

Ein Jahr ist rum. Endlich mal wieder ein romantisches Wochenende. Sie hatten fast so schönen Sex wie noch vor Monaten, sie sind zwei Tage nicht vor die Tür gekommen. Ein paar Videofilme, ein schönes Essen, sie trägt sein viel zu großes Hemd, er knabbert an ihrem Knie.

»So könnte ich das jeden Tag haben!«, sagt sie.

»Mach doch!«, antwortet er.

»Wie meinst du das?«, fragt sie. »Jeden Tag bis zwölf im Bett liegen, wilden Sex haben und dann alle Filme mit Bruce Willis anschauen?«

»Nee, ich meinte eigentlich was anderes ...«

»Und. Was wird das sein?«

»Dass du immer hier bist, zum Beispiel!«

»Immer hier? Du meinst ... *ich soll hier einziehen?*«

»Na ja, das dürfte eng werden. Nee, ich meine: Warum suchen wir uns nicht was zusammen? Eine gemeinsame Wohnung.«

Pause.

Sie küsst ihn, oder er küsst sie, je nachdem.

Anschließend drehen sich beide weg und betrachten intensiv das Muster an der Decke, bis sie bemerken, dass da kein Muster ist. Dann sagen beide im gleichen Moment den einen Satz, der das Herz von Cabriomöpsen höher schlagen lässt:

»Im Grunde wohnen wir ja sowieso schon zusammen.«

Das bedeutet: Ja. Wir wollen. Und es bedeutet, dass die nächsten Wochenenden im Zeichen hektischer Telefonate, absurder Wohnungsbesichtigungen und einigen ausgewachsenen Beziehungskrisen stehen werden. Und wenn sie Pech haben, ist das erst der Anfang.

... UND PRAXIS!

Ganz gleich, wie romantisch der Impuls gewesen sein mag, die eigene Höhle aufzugeben und stattdessen *zwei* Leben in *einer* Wohnung zu probieren – irgendwann steht der Abwasch auf der Spüle. Die alte Diskussion: Wer spült ab, wer bringt den Müll runter, wer sorgt für Selters? Ich würde Sie gern mit diesen Klischees verschonen. Aber das wäre fahrlässig. Sprechen Sie doch einfach mal mit Ihren Freunden. Am besten mit denen, die gerade eine gescheiterte Beziehung hinter sich haben. Ich wette mit Ihnen, dass die beliebtesten Gründe für deren Trennung keineswegs die Politikseiten der *Frankfurter Allgemeinen Zeitung* füllen würden: »Seine Haltung in der Irak-Frage war nicht mit meinem Einsatz für Greenpeace vereinbar«, dürften Sie eher selten hören, stattdessen wird immer wieder das alte Lied von der Mülltrennung gesungen: »Er macht ihn, und ich muss ihn raustragen!«

Auch jeder Partnerschafts-Psychologe bestätigt auf Anfrage, dass häufig nicht die großen, grundsätzlichen Themen zum Problem werden. Es sind die scheinbar unwichtigen, schmutzigen Details, die aus einer hübsch eingerichteten Altbauwohnung ein vermintes Stück Libanon machen können. In der amerikanischen *Vier-Mädchen-und-kein-Mann*-Serie namens *Sex and the City* zum Beispiel lernen wir eine Menge über Beziehungs-Killer. Eine der Damen schmeißt ihren Liebhaber, der sie ansonsten glücklich zu machen scheint, aus der Wohnung, weil der so frei ist, sein Geschäft bei geöffneter Badezimmertüre zu verrichten!

Auch für Leute, die grundsätzlich kein Problem mit den täglichen Notwendigkeiten des Stoffwechsels haben, dürfte klar sein, worum es hier geht: zu viel Nähe, zu viel Intimität, zu nah dran! So rät selbst der Hauspsychologe der Frauenpostille *Lisa* in seinem Regelwerk fürs glückliche Zusammenziehen: »Wichtig ist, sich vorher klar zu machen: Sind wir in der Beziehung an einem Punkt, an dem wir dauernd zusammen sein wollen?«

Für mich klingt schon die Frage nach geschlossenem

Vollzug. Ist je ein Mensch in der Lage, mit seinem Partner dauernd zusammen sein zu wollen? Ich bezweifle das. Selbst meine Freundin Charlotte, ein harmoniebedürftiges Persönchen mit wenig ausgeprägtem Freiheitswunsch, hat neulich nach vier gemeinsamen Jahren ihren Freund vor die Tür gesetzt. (Kunststück, sie hatte damals den Mietvertrag unterschrieben!): »Er schaute Frühstücksfernsehen auf RTL, er kaufte bei Wal Mart ein, und er las meine Post!«

In Wahrheit geht's natürlich nie um Frühstücksfernsehen, schrullige Einkaufsgewohnheiten oder die geöffnete Post auf dem Fenstersims: Es geht darum, dass nur wenige Menschen es ertragen, ständig und überall begleitet, beobachtet, be-partnert zu sein. Zumal nach einer gewissen Zeit auch emotionale Gebrauchsspuren unvermeidlich sind. Man denke beispielsweise an die wundersame Formulierung, die wir immer wieder von Paaren hören, sich mal »etwas Abstand voneinander zu gönnen«. Das ist in neun von zehn Fällen der sichere Weg zur Trennung, nur riskieren sie nicht gleich das ganze Programm. Jedenfalls zieht einer von beiden schon einmal zu Bekannten oder zu Mutti zurück, gedacht wird in der Regel so an ein bis zwei Monate. Das unglückliche Paar erlebt plötzlich nicht nur heftige erotische Ausschläge, sondern wundert sich, was für einen Spaß ein harmloses Essen in einem Restaurant oder ein spontanes Treffen am Baggersee machen kann. Und der klassische Satz, der in diesen Konstellationen nun immer wieder zu hören ist: »Toll. Wir verabreden uns sogar wieder!«

Klingt unspektakulär. Verdeutlicht aber das ganze Elend des Alltags: Paare, die unter einem Dach wohnen, *verabreden* sich nicht miteinander. Sie sind ohnehin immer verfügbar füreinander, und wenn sie nicht gut aufpassen, sind sie das in einem Sinne, in dem auch ein Kaktus oder Haustier *verfügbar* ist – als Ausstattungsstück einer Wohnlandschaft und beruhigender Sozialsound im Hintergrund. Auf diesem Boden gedeihen selten harmonische Partnerschaften. Amorphe Wesen mit zwei Köpfen vielleicht, die gern mit einer Stimme sprechen und im »Wir« die Erfüllung ihrer Sehnsüchte finden. Doch nicht jeder ist bei den Waltons aufgewachsen oder in »Pleasantville«... Es hat durchaus eine komische Note, dass ausgerechnet Vertreter der Kirche den Ansatz unterstützen, für eine harmonische Beziehung sei eine Entscheidung für getrennte Wohnungen vielleicht ganz hilfreich. Die Hamburger Pastorin Melanie Kirschstein von Epiphanien Winterhude bekannte im *Hamburger Abendblatt*, zu einer verlässlichen Beziehung gehöre, dass man die guten und schweren Zeiten gemeinsam durchlebt. Mit dem christlichen Menschenbild sei es nicht vereinbar, wenn Eheleute (oder Partner!) auf Dauer räumlich getrennt lebten, wenn sie nur Schönes miteinander teilen wollten und das Negative ausblendeten.

Lesen Sie den letzten Satz aufmerksam noch einmal, und dann schütteln Sie den Kopf und sagen ganz laut: »Wieso denn eigentlich nicht?« Dann sind Sie auf einem guten Weg.

Jetzt red halt mir mir!

Frauen, Männer & ein Paralleluniversum

»Vor ein paar Wochen habe ich sie gefragt, warum sie mich bloß geheiratet hat, kurz nachdem sie zum Anwalt gegangen war. Sie hat geantwortet, dass sie sich kaum mehr erinnert, wahrscheinlich weil sie sich einen Zustand versprochen hatte, der nie eingetreten sei. Das Einzige, das sie mit Gewissheit sagen könne, sei, dass ich auf dem steinigen Weg zum Märchenprinzen schon auf den ersten Metern stecken geblieben bin.«

Jurek Becker, *Amanda herzlos*

Sehr geehrte Leserin: Kennen Sie eigentlich Dianne Hales? Vermutlich nicht. Das ist auch nicht weiter tragisch, denn das wäre eine Frage, die Günther Jauch Ihnen frühestens so bei der 32 000-Euro-Hürde stellen würde. In diesem Fall rate ich Ihnen, auf keinen Fall auszusteigen, sondern Ihren Telefonjoker zu Hause anzurufen. Hauptsache, es ist ein Mann. Wenn er bei Verstand ist und Sinn für ein kleines bisschen Dankbarkeit hat, sollte er wissen, dass es sich bei Dianne Hales um eine bekannte britische Soziologin handelt. Fast jeder Mann steht bei ihr in der Kreide, ohne es zu ahnen: Dianne Hales hat in einer wissenschaftlichen

Studie herausgefunden, dass eine durchschnittliche Frau rund 23 000 Wörter am Tag über ihre Lippen bringt. Männer schaffen gerade mal die Hälfte.

Das hört sich an wie eine schlechte Nachricht für Jungs, aber in Wahrheit ist es wie ein Freifahrtschein für schlechtes Benehmen. Dianne Hales hat es aktenkundig gemacht und somit jeden einzelnen Kerl von seiner individuellen Verantwortung freigesprochen: Männer sprechen einfach nicht so gern, und wenn, dann nur um »noch einen Kaffee« zu bestellen oder die aktuelle Uhrzeit zu erfragen. Sie können sich jeden Morgen an den Frühstückstisch setzen und sich in eine Zeitung ihres Vertrauens einwickeln, ohne ein Wort zu viel zu verlieren. Oder setzen sich abends erst einmal schweigend auf die Couch und halten: »Puh!« schon für eine ausschweifende Deklamation ihres Befindens. Bei besonders flexiblen Exemplaren fällt je nach Tageszeit vielleicht sogar ein knurriges: »Morgen!« ab oder ein »Wie war dein Tag?«, das war es dann aber auch. Antworten werden keine erwartet. Besagen zumindest gängige Klischees.

Falls sich irgendeine weibliche Person in *seiner* Umgebung daran stört, hilft ein kurzer, wirklich knapper Verweis auf die genetischen Imponderabilien seiner Gattung, und schon herrscht wieder Ruhe. Er kann nichts dafür, er ist *unschuldig*. Danke, Dianne Hales. Ein feines Gefühl. Und Frauen wird es weiterhin an den Rand des Nervenzusammenbruchs führen, dass ihre Männer offenbar nicht in der Lage sind, wie richtige Menschen zu kommunizieren. Merken die denn gar nichts?

Tun Sie schon. Nur anders.

Aber das ist schwierig zu verstehen. Meine Freundin Marja zum Beispiel lebt seit fast einem Jahr mit Lars zusammen. Sie lernte ihn auf einer Lesung kennen, einer dieser Veranstaltungen, die »Slam Poetry« heißen und in der immer ein paar verrückte Hallodris die Preise gewinnen, wenn sie nur oft genug »Bumsen«, »Ficken« oder »Blasen« in ihre Texte einbauen, kurze Sätze bilden oder einen Sprachfehler vortäuschen. Lars war einer von den ernsthaften Autoren, die sich durch einen Text mit Nebensätzen plagten. Das Publikum an diesem Abend wollte seine Geschichte nicht hören, in der es darum geht, dass ein Typ von einem Pizzaservice einer Frau durch die Gegensprechanlage eines Hochhauses eine Liebeserklärung macht. Sie buhten Lars von der Bühne, doch das machten sie fast mit jedem der Vorleser. »Er tat mir so Leid«, erzählte Marja mir später, außerdem sah er süß aus. (Mädchen lieben es, Mitleid mit Jungs zu haben, die süß aussehen. Die weniger Gutaussehenden sind einfach nur mittelmäßige Autoren.) Als Lars sich an ihr vorbei an die Theke drückte, sprach sie ihn einfach an:

»Also *ich* fand deine Geschichte gut!«

»Ach ja? Welchen Teil?«

»Den Teil, den man hinter dem Buhen und den Pfiffen verstehen konnte ...«

Lars grinste amüsiert. »Das ist hilfreich. Da weiß ich ja, woran ich noch arbeiten muss!«

»Du kannst sie mir ja noch mal in Ruhe vorlesen, vielleicht fällt meine Kritik dann etwas konkreter aus.«

Marja ist ein mutiges Mädchen, wenn sie »Mitleid« hat.

Lars hatte vermutlich genug Ablehnung für einen

Abend erlebt. Vielleicht wollte er auch einfach nur mal wieder in ein freundliches Gesicht blicken. Eines, das nicht »Runter von der Bühne, du Junior-Handke!« rief oder «Laaaangweiliiiiiig!!!« Er drückte Marja ein Bier in die Hand und zog sie aus dem Saal. Sie setzten sich in einen kleinen, angrenzenden Biergarten und unterhielten sich ein bisschen. Ungefähr sechs, sieben Stunden lang. Wenn Marja von diesem Abend erzählt, wechseln ihre Wangen die Farbe. Irgendwas in Richtung Granatapfel wird auf ihr Gesicht gemalt, es steht ihr gut, das ja, trotzdem könnte ich inzwischen ganz gut ohne diese Marotte der Natur leben. Denn in diesen Granatapfelgesprächen geht es immer wieder nur um eines: Lars spricht nicht mit ihr. Nicht mehr und überhaupt nie mehr wie an diesem ersten Abend und in der anschließenden ersten Nacht.

»Das war wie im Film, wie in *Before Sunrise* mit Ethan Hawke und July Delpy, als die sich zufällig treffen und eine Nacht in Wien zusammen verbringen, und sie schlendern ziellos herum und diskutieren, sonst passiert eigentlich nicht viel – total romantisch.«

An der Stelle nicke ich inzwischen immer, nachdem ich einmal so dumm war, meine Haltung zu *Before Sunrise* auszuplaudern: »Nicht mal zwei Gymnasiasten mit Philosophie als drittem Abiturfach hätten auf Ecstasy verquasteren Mist erzählen können!« Daraufhin entschied Marja, dass ich den Film nicht richtig verstanden hätte, und erklärte ihn mir Szene für Szene noch einmal, begleitet von Fußnoten über den Subtext der einzelnen Episoden und Anmerkungen zu Ethans Frisur. Es war die Hölle. Seitdem nicke ich bloß noch, wie gesagt, und habe Verständnis für Lars. Der nicht mehr mit ihr redet, wie Ethan mit July geredet hat, und vor allem: wie er es mit Marja gemacht hat, in dieser einen Nacht.

»Es war so unglaublich stimmig«, wiederholt sich Marja, »wir haben über alles geredet, über unser Leben, unsere Träume, alles erschien uns so einfach und klar, wie mussten nicht nachfragen. Ich fühlte mich am anderen Morgen, als hätte ich in dieser Nacht meine verlorene Hälfte gefunden.«

Sie sprach auch von Seelenverwandtschaft, glaube ich, und von großen Erwartungen, die in dieser ersten Nacht geweckt wurden, jedenfalls kam mir vieles daraus wie ein Auszug aus dem Repertoire eines Bänkelsängers vor. Aber Marja hatte diese erste Nacht *genau* so empfunden, in dieser Hinsicht gab es keinen Zweifel: Das war der Maßstab!

Dementsprechend an der Nase herumgeführt fühlt sie sich jetzt. So als ob sie im Universum nach einer Probefahrt einen Mercedes des S-Klasse bestellt hätte, und nach einem halben Jahr vorfreudiger Erwartung fährt ein Skoda auf ihrem Hof vor. Lars war der Skoda. Ein tragisches Schicksal, und ein ungerechtes dazu, denn Lars war keineswegs ein besonders wortkarger, unfreundlicher Vertreter seines Geschlechts. Er war nur typisch. Und das kann man ihm schließlich nicht zum Vorwurf machen, oder?

»Vielleicht interessiert er sich nicht mehr für mich«, fragt Marja ratlos, wenn wieder einmal ein Problemgespräch mit *mir* fällig ist. »Warum spricht er nicht über sich und seine Gefühle? Ich weiß zum Beispiel, dass er darunter leidet, keinen Verlag für seine Geschichten zu finden. Aber er spricht nicht darüber. Er spricht auch nicht darüber, ob es ihm etwas ausmacht, dass sein Bruder nach Chile ausgewandert ist, obwohl sie doch vorher jeden Tag zusammengehangen haben. Wenn ich ein paar Worte mit ihm wechseln will, sollte ich die *Spiegel*-Bestseller-Liste auswendig herbeten können und eine Menge schlauer Fragen über die Herstellung von Taschenbüchern, Hardcovern oder Broschüren zur Hand haben. Dann – und nur dann – habe ich die Chance auf ein Gespräch, das länger dauert als die Nachrichten auf RTL.«

Marja hat den Eindruck, dass sie auf einen Etikettenschwindel hereingefallen ist. Lars wird für sie mit jeder weiteren Woche zu einer Art verschärftem Reklamationsfall, denn er hat in besagter erster Nacht freimütig von sich und seinen Träumen, Problemen und Plänen erzählt – und von da an immer seltener und immer weniger. Offenbar hat sie das Kleingedruckte in der Gebrauchsanweisung nicht gelesen. Für Marja war diese erste Nacht die Basis einer Projektion, von der sie sich nur schwer verabschieden kann.

Dabei hat Dianne Hales ja nun herausgefunden, dass ein Mann solche Erwartungen nicht mal quantitativ erfüllen kann. Aber auch die Qualität seiner Kommunikationsmuster basiert auf völlig anderen Voraussetzungen als bei Frauen. Hierfür hat das Meinungsforschungsinstitut Emnid 2002 mit der Klartext-Studie ein paar bemerkenswerte Zahlen gehamstert: 76 Prozent aller Männer, für Geisteswissenschaftler: drei von vier, machen ernsthafte Probleme mit sich allein aus. Wenn sie reden, dann gern über Job, Karriere und Dinge, die sich von A bis Z erklären lassen. Immer nur Fakten,

Fakten, Fakten im Fokus des männlichen Interesses. Und raten Sie mal, wie viele Männer sich mit ihren Freunden an einen Tisch setzen und mit ihnen über die Probleme in ihrer Beziehung sprechen? Genau sechs Prozent! Unfassbar für jede Frau, die schon Mühe hat, ihre Hairstylistin nicht mit Schilderungen in Echtzeit aus dem eigenen Schlafzimmer zu behelligen.

Wie war das noch mit Vorurteilen – sind die im Kern nicht alle wahr? Offenbar. Tatsächlich gibt es für viele dieser vermeintlichen Vorurteile handfeste und sogar ganz logisch klingende Gründe. So verfügen Männer und Frauen beispielsweise über eine unterschiedliche Anzahl von Verbindungsfasern zwischen der rechten und linken Gehirnhälfte. Frauen haben verhältnismäßig viele, Männer eher weniger dieser hilfreichen Brücken, was dazu führt, dass Frauen viele Dinge gleichzeitig machen können, Männer hingegen ihr ganzes Interesse einer einzigen Tätigkeit widmen müssen. Es empfiehlt sich also für Frauen keinesfalls, mit einem Mann eine Unterhaltung zu beginnen, wenn er gleichzeitig seine Schuhe putzt, in eine Zeitung schaut oder sich mit einem komplexen handwerklichen Problem herumschlägt. Mehr als ein unterbewusstes »Aargh!« werden Sie ihm kaum entlocken können. Und nicht mal an das wird er sich zehn Minuten später erinnern können.

Doch auch der Grundansatz der Unterhaltung als solcher differiert zwischen Männern und Frauen, und zum Beweis hierfür begibt sich der Soziologe wieder zurück ins Neandertal: Männer beschränken sich in ihren Unterhaltungen auf den Austausch der notwendigsten Fakten. Grund: Sie waren außerhalb ihrer schützenden

Höhle auf der Jagd stets bedroht von allerlei wildem Viehzeug, befanden sich also in einer permanenten Gefahrensituation. Unter solchen Voraussetzungen fällt es natürlich schwer, sich mit seinem Kumpel ausschweifend über die eigenen Essgewohnheiten oder modischen Vorlieben auszutauschen ... (Sag mal, Brutus, was denkst du so über die neue Keule von Nike?«) Diese minimalistische Beschränkung nennt man einen handlungs- und sachorientierten Sprachstil. Böse Frauen sprechen auch vom »Schweigen der Männer«.

Die in der Höhle zurückgebliebenen Frauen hingegen waren von jeher für die sozialen Beziehungen zuständig, was auch in jenen fernen Tagen bereits dieses ausgemachte Interesse am Austausch von Gefühlen beinhaltete.

Wem das zu abstrakt ist, der stelle sich einfach vor, *Sex and the City* wäre eine Serie, in der sich vier Typen im Restaurant treffen würden, um sich über das Leben, die Frauen und den Sex auszutauschen. Neue Erkenntnisse und viele interessante Gespräche kämen da sicherlich nicht bei rum – aber ich garantiere Ihnen: Eine Folge davon zur besten Sendezeit, und im Feuilleton würden Jubellieder über die Renaissance des Stummfilms gesungen.

Marja hört sich diese schlauen Bemerkungen zur Natur von Frauen und Männern auch immer wieder gern an. Aufheitern kann man sie damit allerdings nicht wirklich. Und eine wichtige Frage konnte ich ihr bisher auch nicht beantworten: Was war mit dieser ersten Nacht? Wollte er sie da einlullen, war das ein gemeiner manipulatorischer Akt, sich als sensibler, offener

Gesprächspartner einzuführen, um ihr Vertrauen zu erschleichen? Lars würde das abstreiten, vermutlich wüsste er nicht mal so genau, wovon Marja eigentlich spricht.

Es hat lange gedauert, bis ich eine befriedigende Antwort auf diese Frage gefunden habe. Allen und Barbara Pease haben sie in ihrem Psycho-Ratgeber *Warum Männer nicht zuhören und Frauen schlecht einparken* formuliert, und sie klingt einigermaßen logisch: Männer reden während der ersten Verliebtheit so viel, weil sie Fakten über ihre Herzdame sammeln wollen und um ihr »Infos« über sich zu geben. Fakten, Fakten, Fakten ... Sie erinnern sich? Wenn dieser Prozess abgeschlossen ist, stellen sie ihre Verlautbarungen abrupt ein – schließlich sind die informellen Basics geklärt, ab jetzt zählen Taten. Und in dieser Hinsicht ist Lars kein Vorwurf zu machen. Er hat ohne zu murren die Wohnung von Marja renoviert und erweist sich auch an allen anderen Fronten des täglichen Lebens als anpackender, praktischer Typ, auf den man sich durchaus verlassen kann. Das sieht auch Marja so, daraus macht sie keinen Hehl. Leider reicht ihr das nicht: »Manchmal denke ich, ich lebe mit einem Muli zusammen, einem freundlichen, bedürfnislosen und stummen Haustier, das schon zufrieden ist, wenn ich ihm ab und zu Futter gebe und es ein bisschen am Hals kraule.«

Das Problem zwischen Männern und Frauen ist, dass ebendies für Männer gar kein Problem ist ...

Der tut nichts, der will nur spielen!

Über die Freiheit, die ER meint

»Wenn man alle Männer, die infantil geblieben sind, als solche behandeln würde, wäre die Welt voller Kinderwagen.«
Merle Oberon

»Wenn du weißt, dass die meisten Männer wie Kinder sind, weißt du alles.«
Coco Chanel

»Hallo? Kann ich dir beim Suchen helfen?«

Lennart schaut irritiert. »Suchen? Wen suchen?«

»Weiß ich auch nicht so genau – die Frau deines Lebens, irgend so ein Flittchen für heute Nacht, Nicole Kidman? Ganz egal, ich helfe dir gern. Aber falls du dich einfach nur weiter mit mir unterhalten willst, würde es ausreichen, mich ab und zu mal *anzusehen*!«

Kerstins Stimmbänder vibrieren wie Elektromesser. Lennart grinst blöde.

»Ach Kerstin, nicht schon wieder ... Ich kann mir doch nicht die Augen verbinden, was kann ich dafür, dass die Welt nicht nur aus buckligen alten Damen besteht?«

»Das ist total respektlos, mein Lieber«, antwortet Kerstin, »du starrst jedem Rock hinterher, als ob du heute von einer längeren Seereise zurückgekommen wärst. Kannst du dich nicht wenigstens mäßigen, wenn ich dabei bin?«

»Das ne-hervt!!« Langsam wird Lennart sauer. Diesen Dialog kann er bereits mitsingen ... Und er hat wenig Lust auf die Fortsetzung. Die im Wesentlichen darauf hinausläuft, dass er, Lennart, nicht in der Lage sei, eine richtige, sprich: verantwortungsbewusste Beziehung zu führen, weil er sich einfach nicht festlegen könne und immer so scheiß unverbindlich bleibe. »Ich bin ein Hobby für dich, eine Art Freizeitvergnügen«, teilt Kerstin ihm dann gern mit, »und zwar eines, das anfängt, dich zu langweilen. Und aus diesem Grund schaust du dir schon mal potenzielle andere *Hobbys* an und fragst dich, ob du nicht vielleicht Gefallen daran finden würdest ...«

Das ist meistens der Punkt, an dem Lennart das bisschen Selbstberrschung verliert, das ihm die Natur mit auf seinen beschwerlichen Lebensweg gegeben hat: »Jetzt hör schon mit diesem Blödsinn auf, und frag dich stattdessen mal, *warum* ich mir wirklich am besten ein anderes Hobby suchen sollte. Ich kann es dir verraten: Das Hobby, das ich jetzt habe, ist meistens schlecht gelaunt und informiert mich täglich darüber, dass mit mir was nicht in Ordnung ist!«

»Und genau so ist es!«

Kerstin sagt diesen Satz leise, mein Freund Lennart schweigt. Die folgenden Minuten vergehen in stiller Zwietracht. Beide denken darüber nach, was falsch läuft in ihrer »Beziehung«.

Kerstin denkt: Warum wird er nicht erwachsen? Lennart denkt: Warum lässt sie mich nicht in Ruhe?

Lennart und Kerstin sind fast zwei Jahre zusammen. Wenn sie nicht gerade im Straßencafé sitzen und darüber streiten, wem Lennart aus welchen Gründen nachschaut, sind sie *eigentlich* ganz zufrieden miteinander. Zufrieden ist das richtige Wort. Glücklich wäre übertrieben. Aber sie wollen ja realistisch sein. Verliebt waren sie natürlich ineinander, sehr sogar. Aber diesen hormonellen Ausnahmezustand konserviert kein Paar länger als sechs Monate, das weiß jeder Paar-Psychologe, der auch gern darauf verweist, dass dem eigenen Körper so viel Stress auf Dauer auch nicht zuzumuten ist.

Die beiden jedenfalls haben es stoisch hingenommen, dass aus ihrer Verliebtheit langsam so etwas wie wohlige Routine entstanden ist. Sie kommen gut miteinander aus, am Wochenende treffen sie Freunde, und selbst die gemeinsamen Urlaube verlaufen neuerdings einigermaßen stressfrei. Seitdem sie sich darauf verständigt haben, nur noch das Abendessen gemeinsam im Hotel (wo sie arbeiten) einzunehmen, fühlen sie sich freier und können ihre unterschiedlichen Bedürfnisse und Biorhythmen besser aufeinander abstimmen. Vor sechs Monaten sind sie dann zusammengezogen, in ein kleines Reihenendhaus etwas außerhalb der Stadt. *Endlich!*, sagte Kerstin, die schon lange von einem eigenen Häuschen geträumt hatte. *Ganz schön früh!*, sagte Lennart, der eigentlich nie die Absicht hatte, seine eigene Wohnung aufzugeben. Ihm erschien der Entschluss, *den nächsten Step zu wagen*, wie Kerstin das immer ausdrückte, ziemlich gewagt. Aber er wollte nicht der Bremsklotz sein, nicht schon wieder als der kleine Junge gelten, der sich allem verweigert. »Werd halt mal erwachsen!«, war ein Satz, den er nie wieder hören wollte, außer von seiner Mutter vielleicht, aber die hatte auch die Exklusivrechte daran.

Also Wohnungssuche mit Kerstin, wenn auch nicht ganz in ihrem Sinne. Lennart leistete an den Wochenenden so lange passiven Widerstand, bis Kerstin bei einer Besichtigung in einer hübschen Vierzimmerwohnung mit Balkon und hohen Decken der Kragen platzte: »Das ist jetzt die vierzehnte Wohnung hintereinander, die dir nicht gefällt. Zu teuer, zu weit weg von der Arbeit, zu klein, zu riesig, zu sehr Plattenbau, zu viel Stuck – wenn du es vorziehst, in deinem miefigen Einzimmercontainer mit Blick auf den Güterbahnhof zu bleiben, bitte ich um ein kurzes Handzeichen, dann verschwendest du wenigstens nicht länger unsere Zeit!«

Die hübsche Vierzimmerwohnung haben sie nicht bekommen, doch von diesem Tag an nickte Lennart nur noch milde und war mit allem einverstanden, was Kerstin ihm an Wohnraum vorführte. Es stimmte ja auch. Seine Wohnung *war* ein Loch. Ein preiswertes Loch zwar, das zentral lag und im Erdgeschoss sogar eine Gyros-Bude beherbergte, aber nichtsdestotrotz ein Loch. Vielleicht wäre eine neue Wohnung ja wirklich ganz nett, und ansonsten würde sich sowieso nicht viel ändern. Dachte Lennart.

Doch es änderte sich eine Menge. Der Unterton etwa, der Kerstins Fragen begleitete: »Gehst du heute noch weg?« Oder: »Das können wir doch *gemeinsam* entscheiden!« Schließlich: »Was, du willst *schon* wieder – hast du nix anderes im Kopf?«

Natürlich war es auch schön, jetzt ständig beieinander zu sein, ohne sich groß darum bemühen zu müssen. Sie frühstückten gern miteinander, wenn auch größtenteils schweigend, sie sorgten am Wochenende für regelmäßigen DVD-Nachschub und freuten sich, die Nächte nicht mehr wie ferngesteuert in dunklen, lauten und überteuerten Läden verbringen zu müssen. Alles in allem waren sie zufrieden. Nicht glücklich, wie gesagt, aber zufrieden. Irgendwie. Und der Rest würde sich schon finden. Auch irgendwie.

Es ist immer wieder erstaunlich, wie sehr Paare in der Lage sind, sich selbst zu belügen. Oder vielleicht ist das übertrieben, sagen wir: die Augen zu verschließen vor der Möglichkeit, dass man in unterschiedliche Richtungen unterwegs sein könnte. Der berühmt-berüchtigte »Rest« findet sich in der Regel nicht von allein, meistens nicht mal, wenn mit aller Kraft danach gesucht wird. Der »Rest« nämlich bezeichnet das, was auf beiden Seiten in der Regel als Essenz der Beziehung aufgefasst wird, als emotionale Festplatte, die irgendwann neu formatiert werden muss. Im Fegefeuer der Beziehung – also nach der ersten Verliebtheit, aber vor dem finalen Entschluss, zusammenzubleiben und das durch die Gründung einer Familie auch unwiderruflich zu manifestieren – wird dieser einprogrammierte Masterplan zur Bewährung ausgesetzt. Man ist mehr oder weniger bereit, sich mit Kompromissen oder sogar nur mit der Aussicht auf einen Kompromiss über die nächsten Monate, vielleicht sogar ein Jahr oder zwei zu retten, aber dann wird der Konflikt konkret: Früher oder später wird der nonverbal zwischen den beiden Partnern akzeptierte Wechsel auf die Zukunft eingelöst werden wollen. Und wehe, dann reichen die Mittel nicht …

Was das heißt? Sehr einfach. Bleiben wir bei Kerstin und Lennart. Als sie sich kennen lernten, war Lennart der Typ, der nie das ganze Lied in der ersten Nacht spielte, ein Typ, der über eine erprobte »Taktik« in Frauenfragen verfügte und diese auch gnadenlos anwendete. Man kann nicht gerade sagen, dass Lennart eine Erfolgsquote wie Don Juan hatte, aber er arbeitete daran. Lennart war ein »Luftikus«, wie meine Großmutter gesagt hätte, jemand, der offensichtlich Spaß mit *seinem* und wenig Interesse am Leben der anderen hatte. Die wechselnden jungen Damen auf der anderen Bettseite ließ er nur so lange daran teilhaben, bis sie die ersten Ansprüche stellten. Sehr erwachsen und reif war das sicher nicht, das sah Lennart selbst so, aber andererseits: Wo stand geschrieben, dass annähernd 30-jährige Jungs reif und erwachsen sein mussten? Er war es gewohnt, frei über seine Zeit zu verfügen und wenig Verpflichtungen einzugehen. Er rief zurück, wenn er darum gebeten wurde, und er war bereit, einen Blumenstrauß auf dem städtischen Friedhof zu organisieren, wenn seine aktuelle Freundin Geburtstag feierte – das war es dann aber auch. Als er Kerstin kennen lernte, traf er auf eine Frau mit klaren Vorstellungen. Auf der Basis gegenseitiger Projektion oder durch eine geschickte Sternenkonstellation – wer weiß das schon – erschienen sich beide als Antwort auf ihre bisher nicht gestellten Fragen. Kerstin sah oder besser: spürte in Lennart den Mann, der mit seiner Fantasie und seinem kantigen Kinn offenbar über den Genpool verfügte, der für ihre geplante, kleine Population optimal geeignet erschien. Lennart sah in Kerstin die Frau, die offenbar nicht alles mit sich machen ließ, die ein paar Ziele im Leben definierte, die weiter reichten als das nächste Wochenende, und außerdem konnte man sich mit ihr prima sehen lassen. Das waren in etwa die Voraussetzungen für ihre Verbindung, und als sich beide in den nächsten Monaten im Zustand der Verliebtheit nahezu um den Verstand vögelten, hatten beide gute Gründe, auf eine glückliche Zukunft miteinander zu hoffen. Dummerweise waren die sehr unterschiedlich.

Lennart hatte den Eindruck gewonnen, dass Kerstin ihn so nahm, wie auch er sich selbst am liebsten sah. Sie erschien ihm clever genug, dass er sie respektieren konnte, dabei war sie gleichzeitig nicht zu kritisch, seine Rolle offen zu hinterfragen – er hielt ihre smarte Zurückhaltung und verliebte Diplomatie für ein Indiz totaler Akzeptanz.

Kerstin schmeichelte sein lässiger Charme und die attraktive Balance aus spürbarer Verliebtheit bei gleichzeitiger totaler Autarkie – das war der selbstbewussten Kerstin, die man noch zu *Emma*-Zeiten als Powerfrau bezeichnet hätte, bisher selten passiert. Und so begannen sie erst im Laufe ihres zweiten Jahres langsam damit, die Grenzen ihrer lieb gewonnenen Projektionen zu erkennen.

Es begann mit den üblichen Fragen, die mehrheitlich von – es ist ein Klischee, aber leider wahr – Kerstin aufgeworfen wurden. Und irgendwann waren es keine Fragen mehr, die nach einer Antwort verlangten, sondern aggressive Marschflugkörper, die nur noch auf einen weiteren Streit abzielten.

Wie stellst du dir eigentlich deine Zukunft vor? Wo siehst du dich in fünf Jahren? Was denkst du über Paare, die keine Kinder haben? Sag mal, kannst du wirklich nicht kochen, oder willst du nur nicht? Können wir nicht einfach mal einen Abend vor der Glotze hängen, ohne dass du ein Staatsbegräbnis draus machst? Wann haben wir eigentlich das letzte Mal was zusammen unternommen? Sag mal, glaubst du, diese Beziehung führt irgendwohin? Und schließlich immer wieder besagtes »Hallo? Kann ich dir beim Suchen helfen?«

»Suchen? Wen suchen?«

»Weiß ich auch nicht so genau – die Frau deines Lebens, irgend so ein Flittchen für heute Nacht, Nicole Kidman? Ganz egal, ich helfe dir gern. Aber falls du dich einfach nur weiter mit mir unterhalten willst, würde es ausreichen, mich ab und zu mal *anzusehen*!«

Stopp! Bevor Sie sich jetzt auch noch fühlen wie Kerstin und Lennart, nämlich wie Statisten in *Und ewig grüßt das Murmeltier*, unterbrechen wir diese spannende Szene für ein kurzes Fazit: Es macht keinen Sinn, in Beziehungen auch nur 50 Cent darauf zu setzen, dass sich grundsätzliche Differenzen zwischen zwei Menschen innerhalb einer Beziehung auflösen, einfach so. Entweder einer von beiden gibt klein bei und lebt fortan unzufrieden mit den Macken, Eigenheiten und »offensichtlichen« Fehlern des anderen, oder die ursprünglich als Liebesbeziehung vorgesehene Geschichte wechselt das Genre und wird dann entweder von Woody Allen oder mit Jean Claude van Damme verfilmt.

Es macht einfach keinen Sinn zu glauben, Menschen würden sich ändern, nur kraft ihres Willens und durch die Aussicht, regelmäßigen Sex und ein sicheres Plätzchen im Familiengrab zu gewinnen. Menschen ändern sich nicht. Keineswegs. Ein wortkarger Einsiedler mit dem Faible, Telefonkarten zu sammeln und zweimal im Jahr einen Marathon zu laufen, wird niemals ein Club-Aldiana-Anhänger mit einem Abo fürs Sonnenstudio Calypso und fährt vermutlich auch nie einen Escort Cabrio, da kann seine Blondette mit Fingernägeln so lang wie die von Catweazle noch so sehr mit dem MCM-Täschchen winken.

Aber mal weniger profan, sondern wieder mit Lennart und Kerstin illustriert, die wir ja inzwischen schon so gut kennen ... Lennart wird eher bei der Freiwilligen Feuerwehr Siethwende einsteigen, als freiwillig an die Gründung einer Familie zu denken, da kann Kerstin ihm ihre Visionen einer Zukunft mit undichten Kleinteilen, Hund und irren Subventionen vom Staat noch so häufig vorbeten. Je mehr sie das macht, umso bedrängter fühlt sich Lennart, und seine Reaktion dürfte unter Männern so etwas wie ein Pawlow'scher Reflex sein: Er trägt bunte Sommersakkos, interessiert sich plötzlich wieder für Cartbahnrennen, erkundigt sich nach den Leasingraten eines Porsches und denkt darüber nach, mit Kickboxen anzufangen. Für Kinder interessiert er sich dann plötzlich doch wieder, aber nur, wenn sie nach der fünften Stunde freihaben und in bauchfreien T-Shirts die Fußgängerzone beleben, bevor sie für die Abiprüfung lernen gehen.

Kerstin hingegen trifft sich wieder häufiger mit ihren alten Freundinnen und beginnt mit einem neuen – gibt es eigentlich ein angemessenes Wort für Hobby, das man ungestraft aussprechen darf? – Zeitvertreib, den sie auf jeden Fall nur für sich allein haben will. Lennart ist gut beraten, einen Überblick über Kerstins Terminkalender zu bewahren: Wenn der Friseurtermin zweimal rot unterstrichen ist, dann dürfte die letzte Messe bald gesungen sein...

Uns ist das gar nicht mehr so wichtig...

Warum Sex zwar nicht stattfindet,
aber trotzdem ständig Thema wird

»Kein Toter ist so gut begraben
wie eine erloschene Leidenschaft.«
Marie von Ebner-Eschenbach

»Du hast geheult, hervorragend gegessen und nicht mal dein Wagen ist abgeschleppt worden – was für ein Abend!« Ich nahm Inga in den Arm und küsste sie flüchtig irgendwohin zwischen Mund und Nase.

»Geh weg, aus! Ich habe genau gesehen, dass du dich im Kino so peinlich berührt umgeschaut hast, ob einer mitkriegt, dass ich flenne.«

»Stimmt nicht, ich wollte nur gucken, ob eine Ambulanz in der Nähe ist, die man um Tempos anschnorren kann.«

»Spinner!«

»Heulsuse!«

»Ich habe dir gleich gesagt, dass ich so was Rührseliges nicht gut sehen kann.«

»Wie *so was*?«

»Na so wie der Titel schon klingt: *Mein Leben ohne mich* ... Da weiß man doch schon im Voraus, dass man da nicht trocken nach Hause geht.«

»Ich finde den Titel gar nicht so rührselig. Da klingt *Kramer gegen Kramer* doch schon viel versprechender ... Aber ernsthaft: Die Ausgangsidee ist interessant. Meinst du, es gibt da draußen in der Welt eine Frau, die ihren bevorstehenden Tod verarbeitet, indem sie die Zeit danach für die eigene Familie schon einmal organisiert?«

»Schwer zu sagen. Eine besonders toughe Frau vielleicht. Aber das mit dem fremden Mann war konstruiert!«

»Dass sie noch einmal mit einem Mann schlafen will, der nicht der angeheiratete ist, meinst du? Was soll daran konstruiert sein? Immerhin hat sie sexuelle Bedürfnisse und gesteht sich das auch ein. Das ist doch nur ehrlich!«

»Hallo? Geht diese Bemerkung als Wink mit dem König aller Zaunpfähle an meine Adresse?«

»Nein, nein, ich mein nur so.«

»Klar, du meinst nur so. Du glaubst, ich hätte keine sexuellen Bedürfnisse?«

»Ach, Inga, so meinte ich das doch nicht. Ich habe von diesem Film gesprochen. Von der Frau und ihrem Mut. Natürlich hast du sexuelle Bedürfnisse.«

Ich mache eine kurze Pause, Inga schaut starr nach vorn, was vermutlich für Außenstehende so wirken dürfte, als müsse sie sich ganz furchtbar auf den Straßenverkehr konzentrieren.

»Leider kennen wir sie zurzeit beide nicht so genau ...« Ich halte die Luft an.

Einen Moment zögert Inga, doch dann siegt ihr humorvolles Wesen. Noch mal davon gekommen ... Sie lacht und fasst mir ans Knie. Das macht sie ständig, wenn sie Auto fährt, das gibt ihr eine merkwürdig machohafte Attitüde, und das setzt mich in Sekunden in Flammen. Meine Erektion drückt schmerzhaft gegen meine Breitcordhose. Nichts gegen Breitcord, den tragen neuerdings nicht mehr nur Studienräte. Trotzdem wäre mir gerade was Elastisches aus Fallschirmseide lieber. Inga merkt nix. Ist auch besser so. Sie karriolt uns gut gelaunt in unsere gemeinsame Wohnung, beschwingt von so viel Tragik im Kino und dem perlenden Südafrikaner, den wir beim Italiener getrunken haben. An den gerade noch im Keim erstickten Streit denkt sie schon nicht mehr.

Eigentlich wäre das einer dieser perfekten Abende. Harmonisch, leicht, unkompliziert. Früher hätten wir schon das Treppenhaus nicht mehr vollständig bekleidet überstanden und wären spätestens im Flur übereinander hergefallen. Früher, das war vor zwei, vor einem Jahr noch. Es hat Monate gedauert, bis wir überhaupt zum ersten Mal nebeneinander eingeschlafen sind, ohne Sex zu haben. Und jetzt? Drei Mal. In der Woche? Schön wär's. Im Monat. Und der Schnitt sackt weiter ab, schneller noch als der DAX. Es ist jetzt genau 17 Tage her, seitdem wir zuletzt miteinander geschlafen haben. »Wenn du das schon zählst, habt ihr ein ernstes Problem«, behauptete mein Freund Lennart, doch Inga bestreitet das.

»Wenn überhaupt, dann hast *du* ein Problem. Mir geht's prima. Ich liebe dich, wir kommen gut miteinander aus, wir können über die gleichen Witze lachen, und du hast aufgehört, mir komische Sachen zu kochen, die wie graue Gummilösung aussehen. Ich bin glücklich. Ich habe nur gerade nicht so viel Lust auf Sex.

Das ist doch wohl kein Drama, oder? Das kommt schon wieder!«

Natürlich hat Inga Recht. Aber was soll ich meinem kleinen Freund erzählen? Oder meinem großen Freund Lennart, der zuweilen Beziehungsratgeber liest und ganz genau weiß, was uns fehlt: »Abstand! Freiräume! Wie könnt ihr euch denn scharf finden, wenn ihr ständig alles zusammen macht, in der gleichen Wohnung lebt und vermutlich sogar die Toilettentür offen lasst, wenn der Darm rebelliert ...«

Das mit der Klotür stimmt nicht.

Ansonsten bin ich mir da auch nicht mehr so sicher. Aber ich will keine Freiräume. Ich will auch keinen Abstand. Ich will Inga. Und zwar möglichst nah und bald. Am besten noch heute Abend.

Leider ist das nicht so einfach. Heutzutage ist zwischen Männern und Frauen nichts mehr einfach, wie Sie wissen. Was nicht heißen soll, dass früher alles besser war, als der Herr des Hauses seine angetraute Haushaltskraft per Boten wissen ließ, dass sie in der Nacht zu sexuellen Lustbarkeiten bitte in seinem Gemach zu erscheinen habe. Heute gehen Männer und Frauen mit dem Paarungswunsch deutlich rücksichtsvoller und partnerschaftlicher um, was die Sache aber, seien wir ehrlich, immens kompliziert. Man kann sich heutzutage nicht mal mehr einen Korb abholen, ohne sich für Wochen als attraktiver Bettpartner zu disqualifizieren. Inga beispielsweise nervt mein ständiger Sexdrang, wie sie es nennt, und sie fühlt sich durch meine ständige Bereitschaft, immer und überall die Plünnen fallen zu lassen, »extrem unter Druck gesetzt«. Ich solle doch einfach mal etwas Geduld haben, ich würde ihr ja nicht mal die Möglichkeit einräumen, erotische Bedürfnisse zu entwickeln, weil ich durch meinen mentalen Perma-Ständer jede subtile Gefühlsregung im Keim erstickte …

Dummerweise denke ich tatsächlich rund 24 Stunden am Tag an Sex, seitdem Inga und ich die dazugehörigen Handlungen auf ein Minimum reduziert haben. Das war früher – also vor diesen ein bis zwei Jahren, von denen ich schon gesprochen habe – keineswegs so. Da konnte es vorkommen, dass Inga ihren festen Hintern im Latexhöschen auf mein Gesicht setzte, ohne dass ich dahinter zwangsläufig eine sexuelle Anspielung vermutete. Heute laufen mir bereits die Sehnsuchtströpfchen aus dem Mundwinkel, wenn sie sich beim Abendessen an der Innenseite ihrer Oberschenkel kratzt.

Ich habe allerdings gelernt, dass ich besser *verständnisvoll* bin und meine Lebenspartnerin nicht ständig mit meinem dräuenden Wunsch nach einem potenziellen Geschlechtsverkehr belästige. In diesem Fall kann es zwar vorkommen, dass Inga bei meinem neunzehnten oder zwanzigsten Versuch nachgibt und gönnerhaft die Bettdecke zurückschlägt, doch Spaß macht Sex ja nur, wenn er keine mitleidige Gabe ist, sondern das Ergebnis einer gewissen Leidenschaft und spürbaren Anziehung. Außerdem hat Sex nach langer Karenz die unangenehme Eigenschaft, schnell vorbei zu sein – erzählen Sie mir nichts von Selbstbeherrschung und der Idee, kurz vor dem Höhepunkt an die Schlacht von Verdun zu denken oder an meine Großmutter. Das *habe* ich schon versucht und mich hinterher zwangsläufig wie ein aggressives und/oder perverses Ferkel gefühlt, denn gekommen bin ich natürlich trotzdem zu früh.

Nein, diesen Fehler mache ich nicht mehr. Ich warte ab, deute die Signale, die Inga sendet und verhalte mich diskret. Meistens jedenfalls. Wenn Inga fragt: »Was starrst du mich denn so an, willst du mich hypnotisieren?«, dann hat das mit der Zurückhaltung nicht ganz so gut funktioniert, aber ich arbeite noch an der Verfeinerung meiner Technik. Dazu gehört auch, den Wunsch nach Beischlaf so wenig wie möglich zu thematisieren. Und wenn doch, dann nur als eine Art Gag, siehe oben, der deutlich macht, wie sehr man über den Dingen steht. Andernfalls runzelt Inga wieder die Stirn und seufzt, und mir wird bedeutet, dass ich *soo* auf gar keinen Fall ans Ziel komme.

Wenn man aber nicht offen darüber sprechen darf, dass man mit der Frau, die sich ganz selbstverständlich nackt ins gemeinsame Bett legt, gern schlafen möchte, und auch nicht befugt ist, direkten Körperkontakt zu suchen, wird die Sache schon eng. Zumal ja auch eine gewisse Leichtigkeit und Coolness ausgestrahlt werden sollte, das denke ich mir jedenfalls so. Ständig als ein unterwürfiger Bittsteller darauf zu lauern, dass einem mal ein unbekleideter Knochen hingehalten wird, würde auf Dauer die Dominanzfrage in der Beziehung unschön verändern – ein bisschen Balance sollte schon sein. Was also kann ich tun, wenn ich Sex haben möchte mit der Frau meines Lebens, es aber tunlichst so aussehen lassen muss, als habe sie die Idee zuerst gehabt? Geduld beweisen, denke ich, und meine Manipulationstechniken perfektionieren.

Das beginnt manchmal schon mit der harmlosen

Einladung ins Kino und dem Versprechen, anschließend schön essen zu gehen. *Terminator 3* sollte vermieden werden, ich empfehle eine romantische Komödie oder etwas Melodramatisches – verwechseln Sie Letzteres aber besser nicht mit düsterer Tragik, das bekommt keiner Libido der Welt (außer der von Marilyn Manson vielleicht, aber wer will schon Sex mit einer Comicfigur?). Beim Abendessen geben Sie sich weltläufig und lässig und vermeiden es, auf mögliche Beziehungsprobleme zu sprechen zu kommen – sonst haftet an allem, was danach folgt, der Makel des Therapeutischen. Mein Abendessen mit Inga *war* fröhlich und entspannt, es bedurfte keiner großen Anstrengungen, nicht ständig an ihre entblößten Brüste zu denken und daran, was ich alles mit ihnen anstellen wollte. Ich verkniff mir sogar, beim Italiener Meeresfrüchte zu bestellen, denn ich wusste, dass sie wusste, dass ich Meeresfrüchte für aphrodisierende Stimulanzien hielt. Wir haben oft genug Witze darüber gemacht. Das Risiko, allein durch die Wahl meines Essens wieder *Druck zu machen*, durfte ich nicht eingehen.

Die entscheidenden Minuten beginnen, wenn die Haustür von innen geschlossen wird. »Möchtest du noch einen kleinen Schlummertrunk«, höre ich mich sagen und zucke innerlich zusammen: Autsch! *Schlummertrunk?* Geht's noch ein bisschen infantiler? Vielleicht frage ich gleich als Nächstes nach einer Fassbrause, und wir setzen uns bunte Hütchen auf.

»Nein danke, hab schon etwas zu viel Wein.«

Inga kichert wie zur Bestätigung ein wenig albern. Sehr viel versprechend. Sie hockt sich aufs Sofa und knipst die kleine Lampe auf dem Beistelltisch an. Das ist gut, denn sie erzeugt, im Gegensatz zu unseren kühnen Designer-Flutern eine gemütliche, ja vielleicht sogar romantische Atmosphäre. Wir reden ein wenig über den Abend und über den Film, sie liegt in meinem Arm, ich küsse sie ein wenig, aber betont absichtslos. Wenn hier jemand eine Zunge ins Spiel bringt, dann werde *ich* das nicht sein ... Auch Inga verzichtet darauf und räkelt sich: »Ich bin ganz schön müde!«

Oh, oh. Das klingt nicht gut. Müde. Ein böses Wort. Das Wort bedeutet, wenn es sofort im Anschluss an eine vage Liebkosung fällt: Stopp! Heute Ruhetag!

Ich reagiere reflexartig: »Abgespannt? Ich kann dich ein bisschen massieren, wenn du möchtest?« Ich hoffe, das klang jetzt wie ein tolles, uneigennütziges Angebot und nicht wie ein winseliger Versuch, auf der Schussfahrt zu wenden, wie unser Freund Herbert sagen würde. Inga schaut mich prüfend an. »Echt?«

»Klar, warum nicht ...«

Ich setze mich in Bewegung, bevor Inga ihre Meinung ändert oder an meiner Nasenspitze erkennt, dass ich keine ehrbaren Absichten habe.

»Aber nur kurz, ich bin wirklich müde!«

»Ja ja ...«

Ich vertraue auf meine magischen Hände. Habe ich magische Hände? Ach was, keine blöde Debatte jetzt mit mir selbst. Ich hole das Öl aus dem Badezimmer und nehme unterwegs ein paar Kerzen vom Wohnzimmerbord. Ich überlege, ob ich vorher noch kurz duschen soll, aber erstens ist das wirklich zu eindeutig, und zweitens hat Florian Illies in seinem Buch *Anleitung zum Unschuldigsein* bereits alles gesagt, was über Kerzen, Duschen und deren Bezug zum Beischlaf zu sagen ist: »Wer sich so lange gefragt hat, ob er Kerzen anzünden und sich vor dem Schlafengehen duschen darf, ohne das dies als sexuelle Nötigung gewertet wird, der wird sich auch dann, wenn man gemeinsam unter der Decke liegt, bemühen, möglichst nicht zielorientiert, sondern ergebnisoffen zu streicheln.« Da hat Herr Illies sehr Recht. Aber ich bin noch nicht einmal im Schlafzimmer. Ich bugsiere meine schnurrende Freundin gerade erst dorthinein und »nötige« sie erst einmal, sich ihrer Kleidung zu entledigen. Sie spielt auch brav mit, erst als der auberginefarbene Slip auch noch runter soll, gibt es massive Proteste: »Hey, was bist du denn für ein Masseur? Vollkörperkontakt habe ich nicht bestellt.« Sie lacht. Ich lache mit. Was soll ich auch sonst tun?

»Ich würde dir den nur ausziehen, weil ich immer dran hängen bleibe, weißt du«, murmle ich beiläufig, eigentlich schon damit beschäftigt, das Öl mit Hilfe der Kerzen ein wenig zu erwärmen – ein schöner Effekt, den Sie ruhig mal ausprobieren sollten – falls sich einmal die passende Gelegenheit bietet …

»Womit bleibst du hängen, du Spinner«, antwortet Inga, aber sie hat die Augen schon geschlossen. Möglicherweise erwartet sie keine Antwort. Ich beginne mit der Behandlung, und damit Inga gar nicht erst auf den richtigen Gedanken kommt, beginne ich mit der Rückenpartie und halte mich extrem lange, wirklich *lange* damit auf, den Raum zwischen Nacken und Steißbein in konzentrischen Kreisen zu bearbeiten. Wäre da nicht mein schmerzender Ständer, der gegen den Breitcord kämpft, könnte ich mir vielleicht sogar einreden, das hier sei ein meditatives Vergnügen. (Natürlich habe ich noch alles an, ich bitte Sie!) Inga stellt sich tot, sie hat die Augen geschlossen und grunzt alle paar Minuten entrückt. Nur unverbesserliche Optimisten würden dieses Grunzen für ein erotisches Signal halten. Es ist nicht *dieses* Grunzen, es ist eher eines, mit dem gichtige ältere Damen sich eine Fangopackung auf den Rücken klatschen lassen. Ich verfeinere meine Massagetechnik. Inga grunzt nicht mehr. Ich optimiere meine Griffe und weite die Kampfzone aus, wieder ohne Reaktion. Werte ich das jetzt als erstes kleines Eingeständnis? Ich beginne, mit meiner Zunge auf ihrem Rücken ein paar softe Achten zu drehen, was unbestritten, selbst in England oder anderen Dritte-Welt-Ländern als zärtliche Geste kaum missverstanden werden dürfte, doch auch diesmal folgt keine Protestnote der unterdrückten Minderheit in unserem Schlafzimmer. Meine magischen Hände! Yes!!!

Zur Sicherheit wühle ich mit meiner Zunge ein wenig in ihrem Ohr und fingere schon einmal an meiner Hose. Um ganz sicherzugehen, verändere ich ihre Lage ein wenig, ich würde schon gern einmal kurz von vorn in ihr Gesicht ... WAS IST DAS? Dieses Geräusch. Das hier war weder Grunzen, Seufzen oder Stöhnen, damit hätte ich leben können. Das hier war eindeutig Schnarchen. Diese Frau da unter mir ist eingeschlafen. Meine magischen Hände. Vielleicht hacke ich sie mir einfach ab. Als ersten Schritt.

Wir haben dann am nächsten Morgen darüber geredet. Natürlich habe ich wieder alles falsch gemacht, wie mir Inga erklärt. Sie habe ja Verständnis dafür, dass ich enttäuscht sei, dass wir so selten miteinander schlafen würden. Dass sie mich ganz doll lieb hat, aber manchmal auf so eine ganz nahe Bruder-Schwester-Art, sagt sie. Dass sie sich das auch nicht erklären könne, aber eines wisse sie ganz genau: »Wenn du jeden Tag mit mir darüber reden willst, wird es sicher nicht besser!«

Ich habe ihr dann vorgeschlagen, uns a. zu trennen, b. zu einem Therapeuten zu gehen, c. uns mal ein paar Pornos zu besorgen oder d. nach einer Geliebten suchen zu dürfen. Wir einigten uns dann auf e. abwarten, bis diese kleine Phase der partnerschaftlichen Unlust vorbeigeht. Und genau das tun wir jetzt. Und ich habe auch ganz bestimmt keine Probleme mit meinem Selbstbewusstsein und fühle mich trotzdem total angenommen, auch als Mann. Schließlich hat das ja alles nichts mit mir zu tun. Sagt Inga.

»Es hat nichts mit dir zu tun…«

Warum es nie einfach so passiert, und warum es einfach passieren musste

»Als Außenstehender, als jemand, der sich noch immer innerhalb der üblichen Grenzen der Ehe bewegt, konnte ich mich eines Anflugs von Beklommenheit und Neid nicht erwehren, als ich meinen Freund in diesem Zustand sah. Das Leben ist bestimmt sehr aufregend, wenn man drauf und dran ist, alles zu zerstören.«
Tim Parks, *Ehebruch und andere Zerstreuungen*

Es gibt unverschämte Lügen: »Der Scheck ist in der Post!« (oder moderner: »Ich habe bei der Internetüberweisung versehentlich einen Zahlendreher eingebaut.«) Es gibt abgefeimte Lügen: »Klar pass ich auf, du kennst mich doch!« (Oder ökobewusster: »Dir ist wohl nicht klar, wie viel Nährstoffe im Sperma sind?«) Und es gibt diese eine Lüge, diesen Gipfel der Unverfrorenheit, diesen abschäumigen Dolchstoß, den noch nie je jemand wirklich so gemeint hat und für den man schon beim Aussprechen mit einer ganz gemeinen indianischen Folter bestraft werden sollte. Es ist diese Lüge, die wir alle gern hören, wenn wir auf der anderen Seite des Tisches sitzen, und auf die wir erst recht nicht verzichten können, wenn wir selbst auf dem Büßerbänkchen hocken. Diese Lüge, die ich meine, die geht so: »Du, das ist einfach so passiert. Das hat nichts mit dir zu tun!«

Wir könnten natürlich auch mit den knallharten Fakten beginnen. Drei Prozent aller Säugetiere auf dieser Welt leben monogam. Drei Prozent. Denken Sie sich doch mal auf eine Party mit Ihren 100 besten Freunden, und suchen Sie sich die drei aus, denen Sie eine monogame Lebensweise unterstellen. Abgesehen davon, dass es sicherlich nicht die drei Personen sind, mit denen Sie an der Sektbar den meisten Spaß haben dürften, werden Sie feststellen, dass Sie sich selbst nicht dazugerechnet haben. Warum? Würden Sie nicht prinzipiell gern in einer Partnerschaft leben, in der es vertrauensvoll, spannend und auch nach Jahren noch leidenschaftlich im Bett zugeht? Wo gegenseitiges Vertrauen selbstverständlich ist und man sich darauf verlassen kann, dass der Partner nicht jede Möglichkeit ergreift, sich aushäusig zu vergnügen? Klar würden Sie das gern, doch Sie ahnen: Die Wahrscheinlichkeit, dass ausgerechnet Ihnen das gelingt, ist so groß wie Dieter Bohlens Talent zu Demut und Zurückhaltung. Und Sie kennen sich ja schließlich ganz gut und wissen in einem Moment der Besinnung sehr wohl um Ihren, sagen wir: potenziellen Hang zur Fremdbestäubung ... Man kann eine Menge Statistiken bemühen, und es gibt zu diesem Thema wirklich Tonnen an Fachliteratur und Zahlenwerk. Gemeinsam ist diesen unterschiedlichen Befragungen vor allem eines: Mehr als die Hälfte aller fest gebundenen Männer und Frauen sind in der Vergangenheit bereits ein Mal fremdgegangen – im Durchschnitt, viele also auch weitaus häufiger. Es lohnt sich darüber nachzudenken, wann und warum das immer wieder geschieht.

Wobei es auch hier wieder einen Unterschied in der Herangehensweise gibt. Die Ursprünge mögen ja grob die gleichen sein, doch die Art und Weise, wie Frauen und Männer ihr Bedürfnis nach etwas Abwechslung und/oder Zuneigung ausleben, ist ein weiterer Beweis dafür, dass wir es mit Lebewesen von unterschiedlichen Planeten zu tun haben. Das fängt schon bei der Biochemie an. Für »Lust im Gehirn«, so ließ uns das geschätzte Frauenmagazin *Allegra* an seinem großen Erfahrungssschatz teilhaben, seien laut amerikanischen Endokrinologen Phenylethylamine verantwortlich, körpereigene Drogen, die wie Aufputschmittel wirken würden. »Im Zustand der Verliebtheit werden sie pausenlos produziert. Nach drei bis sechs Monaten sinkt der Pegel. Bei Frauen bleibt der Output dieser Stoffe auf hohem Niveau, bei Männern sinkt er auf den Zustand vor der Verliebtheit zurück.«

Was folgt daraus? Die Bestätigung eines weiteren Klischees. Männer müssen fremdgehen, damit sie ihre serielle hormonelle Ödnis überwinden. Argument A: »Das sind unsere Gene, dafür können wir nichts!« Das erinnert mich an ein T-Shirt meines Freundes Tobi mit dem sinnigen Aufdruck: »Männer sind so!«, das er spazieren trägt wie ein Mittelding zwischen Büßerhemd und Wahlplakat. Irgendwie ist ihm das peinlich, weil es stimmt. Aber andererseits ist er irgendwie ja auch nicht persönlich dafür verantwortlich zu machen. *Männer sind so.* Und er ist unzweifelhaft ein Mann, und zwar ein richtiger. Das Männermagazin *Maxim* hat sich diesen Spruch als Motto ganz vorn aufs Heft geschrieben und hofft auf möglichst viel Identifikation unter der tendenziell schuldbewussten Klientel. Kein schlechter Versuch. Und noch ein kleiner Hinweis, nachzulesen im Internet auf den Seiten des Gesundheitsbetreibers LIFELINE: »Eine Studie mit 3000 Männern brachte es an den Tag: Die Herren folgen in der Jugend ihren Hormonen, in reiferen Jahren dem Trieb zur Selbstbestätigung. Angst vor dem Altern ist der Grund fürs Fremdgehen. Die Männer meinen, etwas nachholen zu müssen, solange noch Zeit ist. Sie schmücken sich mit Frauen, die so jung sind wie ihre Töchter.«

Tja, so sind Männer.

Und wie sind Frauen so?

Jedenfalls nicht so unschuldig und moralisch unanfechtbar, wie es manchmal den Anschein hat. Das fiel erst kürzlich wieder auf, als in bundesdeutschen Debattierblättern darüber geschrieben wurde, dass immer mehr Kuckuckskinder auf die Welt kämen. Heißt: Viele Frauen wagen, offenbar auch hormonell angestachelt, einen Seitensprung gerade in der Zeit ihres Eisprungs. Amüsanterweise – für mich! – scheinen sie dann verhältnismäßig häufig mit einem Männchen ins Gemach zu fallen, das sich vorher extrem dominant gezeigt hat. Was ja unter uns Eingeweihten für die Fähigkeit steht, ein guter Erzeuger und Gruppenernährer zu sein … Nicht zufällig eine Wortwahl, die eher ins Neandertal zu passen scheint als in aufgeklärte Akademikerzirkel 2004, doch genau so stand es geschrieben. Nun – offenbar werden auch Frauen vom Fortpflanzungsgedanken ferngesteuert. Oder besser: Das Evolutionspostulat macht auch vor Frauen nicht halt. Das hat auch die Zeitung *Woman* bemerkt, die ja bereits durch die eigene Namensgebung besondere Kompetenz in Gender-Diskussionen ausweist. »Genießen und schweigen – Frauen brüsten sich nicht damit, haben aber genauso viele Affären wie Männer« steht dort im Gefühle-Report 2003 geschrieben, und es wird mit Statistiken und Referenzen um sich geworfen, als seien die im Dutzend glaubwürdiger.

Stellt sich natürlich die Frage: Wo sind dann die eben noch beschworenen Verhaltensunterschiede zwischen Männern und Frauen geblieben? Wie so oft im Kleingedruckten!

Während Männer es tatsächlich hinbekommen, Seitensprünge in eine ansonsten subjektiv als ganz passabel empfundene Beziehung zu integrieren, ohne diese grundsätzlich infrage zu stellen, haben Frauen in der Mehrzahl ganz andere, geschlechtsspezifisch angelegte Interessen. Behauptet jedenfalls Diplom-Psychologin Prof. Dr. Elisabeth Müller-Luckmann, meines Wissens nicht veralbert oder verwandt von oder mit dem Loriot'schen Müller-Lüdenscheid: »Wenn man es als Frau auch nicht realisieren, geschweige denn verstehen will: Männer können Liebe und Sex auseinander halten. Für Frauen dagegen geht die sexuelle Attraktivität einher mit liebevoll zugewandten Gefühlen, die auf Beständigkeit ausgerichtet sind. Diese unterschiedliche Programmierung der Geschlechter, die uns ständig an unsere biologischen Wurzeln erinnert, führt immer wieder zu gegenseitigen Missverständnissen, Verletzungen und eigentlich gänzlich überflüssigem Leiden.«

Man mag darüber streiten, ob es wirklich so einfach ist mit der Unterscheidung von männlichen und weiblichen Verhaltensweisen und ob nicht der Wunsch nach ein wenig messbarer Logik und kontrolliertem Therapieansatz der Vater der Müller-Luckmann'schen Thesen ist. Sicher allerdings bleibt, dass Männer *und* Frauen gleichermaßen darunter leiden, betrogen zu werden. Nicht zu betrügen, wohlgemerkt, es geht nur um das betrogen werden... Ein schlechtes Gewissen als Täter in der Beziehung lässt sich halt viel besser aushalten, als das Gefühl, von seinem Partner schmählich hintergangen worden zu sein. Sogar dann, wenn man früher auf diesem Gebiet selbst bereits aktiv war oder sogar noch ist. Absurd? Ganz genau.

Genauso absurd übrigens wie die Weigerung, aus den immer gleichen Erfahrungen die falschen Schlüsse zu ziehen. Beziehungen zwischen Männern und Frauen durchlaufen gewisse Phasen, und auch, wenn man sich in einzelnen Punkten eine gewisse Individualität und ein paar schöne, ganz eigene Rituale erkämpft hat, dann bleibt unter dem Strich doch immer die gottgegebene oder besser soziologisch verankerte Gewissheit: Beziehungen sind emotionale Durchlauferhitzer mit stereotypen Abläufen und einem desillusionierenden Subtext. Sie sind nicht für die Ewigkeit gemacht und werden oftmals nur aufrechterhalten, um a. die Unfähigkeit, als Einzelwesen zu existieren, zu übertünchen und b. weil es viele schöne Möglichkeiten gibt, aus einer ursprünglich romantisch konnotierten Liebesbeziehung eine pragmatische Lebens- und Wohngemeinschaft zu machen, deren Arrangement in ökonomischer und sozialer Hinsicht der alternativen Einzelexistenz ein paar Pluspunkte voraushat. Wobei Letzteres vermutlich eine Frage des Temperaments ist …

Ich möchte mich an dieser Stelle aber nicht im Grundsätzlichen verlieren. Man kommt nur so schnell darauf, wenn man sich seine eigenen und die Beziehungen seiner engeren Freunde mal genauer anschaut. Ist ja auch ein beliebtes Spiel unter enttäuschten Singles, die sich am späten Sonntagnachmittag zusammenrotten, um sich beim gemeinsamen Essen und dem anschließenden *Tatort* über das Wochenende zu retten: »Zeig mir ein glückliches Paar!« heißt das Spiel, und es gewinnt derjenige, der glaubhaft machen kann, dass es ein Paar in seinem Freundeskreis gibt, das länger als, sagen wir mal zwei Jahre zusammen ist und immer noch wirkt, als sei es glücklich miteinander und nicht einfach ein amorpher Haufen Zellmasse.

Manchmal wird das ein ziemlich knappes Spiel, bei dem es keinen Gewinner gibt. Zusammenbleiben und »glücklich sein«, weil a. Kinder da sind, b. eine Wochenendbeziehung geführt wird oder c. erst mal das gemeinsame Haus abbezahlt werden muss, bevor kritische Reflexionen bezüglich der eigenen Existenz wieder erlaubt sind, gilt bei diesem Spiel nicht. *Zero points.*

Eine andere lustige Party-Frage, die unter Singles immer weit größeren Anklang findet als bei fest gebundenen Probanden lautet: »Woran merkt man eigentlich, dass der Partner einen betrügt?«

Vorab: Die Präliminarien des Seitensprungs sind ja wohl hinlänglich bekannt: In einer durchschnittlichen guten, harmonischen Beziehung beginnt die kritische Zeit so in der Regel ab dem ersten Jahr, aber ab der zweiten Runde wird sie virulent. In diesem Stadium ist die Sexfrequenz deutlich abgesunken, die Neugier auf- und die Faszination voneinander ist im besten Falle einer gewissen Vertrautheit gewichen, man hat vielleicht sogar geplant, sein weiteres Leben gemeinsam zu verbringen. Man weiß vermeintlich alles voneinander. Wir reden hier also nicht von den schlechtesten Voraussetzungen. Und doch... Irgendwie ist dieses allumfassende Gefühl von Sicherheit und Gewissheit auch ein wenig, wie soll man sagen: überroutiniert? Oder darf man es wagen, sich aufs Eis zu begeben und eselig zu behaupten: »Ein bisschen langweilig ist es aber manchmal...?«

Wer hat schon den Mut, so etwas ohne Not auszusprechen, ja nur zu denken? Stattdessen umhüllt der Mensch den Widerwillen, den er dumpf empfindet und für den er sich heimlich schämt mit einem rationalen Gewand. Und das klingt dann so:

»Sie fordert mich geistig nicht (mehr).«

»Er treibt sich immer nur auf dem Sportplatz herum.«

»Was sie wieder für Schuhe trägt...«

»Kann er nicht *ein Mal* essen, ohne zu schmatzen?«

»Ihre Freundinnen sind alle blöder als ein Toastbrot!«

»Wenn ich mir seine Erzählungen aus der Studentenbude in Marburg noch ein Mal anhören muss, greife ich zur Kotztüte!«

»Warum muss die prüde Nuss immer das Licht ausmachen?«

»Was, will der *schon* wieder Sex?«

»Was, hat die schon wieder Migräne?«

Jeder einzelne dieser Sätze ist eine Brückenstrebe in die Freiheit. Wer genug Sätze dieser Art gegen seinen Partner gesammelt hat, der hat sich das Recht erarbeitet, seine Beziehung als problematisch aufzufassen und gegebenenfalls auch einmal daraus auszubrechen. Ist ja auch eine Form der Notwehr, dient der inneren Reinigung und ist sowohl eine effektive Möglichkeit, sich einmal wieder von einer begehrenswerten Person spiegeln zu lassen (hauptsächlich bei Frauen) und/oder einfach nur mal wieder etwas Thrill ins eigene Leben zu bringen (hauptsächlich bei Männern).

Doch zurück zur Singlekränzchenfrage. Woran erkennt man eigentlich, dass man vermutlich gerade von seinem Partner betrogen wird? Hier einige hilfreiche Hinweise, damit Sie in Zukunft nicht kalt erwischt werden:

1. Er geht freiwillig in die Stadt und kauft sich ein neues, lachsfarbenes Sakko.
2. Sie ändert ihre Frisur.
3. Er vergisst zum ersten Mal ihren Geburtstag nicht und besorgt ein unangemessen teures Geschenk.
4. Sie hört auf, während der Fußballübertragung ein Problemgespräch führen zu wollen.
5. Beim Sex fällt ihm nach zwei Jahren plötzlich eine neue Stellung ein, die ein gewisses gymnastisches Talent erkennen lässt.
6. Sie erschrickt bei jedem Telefonläuten.
7. Er macht dubiose Dienstreisen nach Tauberbischofsheim oder Überlingen.
8. Sie tritt aus der Caritas aus und pierct sich die Brustwarzen.

9. Er ist so durcheinander, dass er am Samstag vergisst, die Sportschau anzuschalten.
10. Sie heult bei einer Arte-Dokumentation über Wanderdünen.
11. Neuerdings löscht er immer all seine E-Mails und SMS sofort, nachdem er sie erhalten hat.
12. Sie duscht, wenn sie abends später aus dem Büro kommt.
13. Er ordert Prospekte von Porsche und Ferrari.
14. Sie regt an, dass er doch mal mit seinem Freund eine Motorradtour unternehmen könne.
15. Ein Bekannter fragt ihn, seit wann seine Freundin in einem Table-Dance-Laden jobbt.
16. Sie findet in seiner Jackentasche ein Kondom, obwohl sie die Pille nimmt.
17. Er findet in ihrem Handtäschchen ein Kondom, obwohl sie die Pille nimmt.
18. Sie spricht im Schlaf mit Klaus. Er heißt nicht Klaus.
19. Er besucht einen Kochkurs an der VHS.
20. Sie braucht etwas Abstand, weil sie den Eindruck hat, ihre Beziehung erdrückt sie.
21. Er wird zu *Fliege* in eine Sendung eingeladen, die unter dem Motto steht: »Ich habe sein Vertrauen missbraucht.«
22. Sie studiert am Wochenende Wohnungsanzeigen.
23. Er grüßt auf der Straße den Portier eines Stundenhotels.
24. Sie ist nervös, wenn sie einen Termin beim Frauenarzt hat.
25. Er ist gut gelaunt und will nicht mehr an jedem zweiten Abend Sex.

Natürlich könnte es für jeden dieser 25 Gründe auch eine ganz simple, unverfängliche Erklärung geben. Aber besser, Sie verlassen sich nicht drauf.

Big Brother is watching you

»Der viel gerühmte weibliche Instinkt gleicht einem Seismographen, der den Sturz eines Blumentopfes anzeigt, aber beim Ausbruch des Ätna versagt.«
Anna Magnani

Aline macht einen zufriedenen Eindruck, geradezu beseelt:

»Ist doch schade, dass uns das erst passieren musste, damit wir mal wieder ein richtig schönes Wochenende genießen können. Nur wir beide.«

»Und der Regen in Mecklenburg-Vorpommern!«, antwortet Malte.

»Ach, das bisschen Feuchtigkeit. Hat dich ja im letzten Sommer auch nicht gestört.« Aline klingt jetzt nur ein bisschen angezickt, nur ein ganz kleines Stück weit, wie der Sozialpädagoge sagen würde. Malte hat's trotzdem gleich verstanden. Er grinst. Was soll er auch sagen? Dass es ungleich angenehmer war, jeden Morgen im Kaiser-Friedrich-Bad seine Runden zu drehen und zu wissen, dass ihn die Aushilfsbademeisterin dabei beobachtet, statt im Mecklenburgischen Hinterland über Wiesen und Felder zu stiefeln, weil es der Beziehungshygiene dient? Mit der Bademeisterin ist er nach seinen 20 Runden stets im Umkleidetrakt verschwunden. Sommeraffäre nennt man das wohl, wenn auch von heißen Nächten nicht die Rede sein konnte. Malte vögelte die Sportstudentin Kerstin gegen 6:30 Uhr in der Früh auf leeren Magen, noch vor dem ersten Kaffee. Er fand das so abgefahren, dass selbst sein Kreislauf eine Zeit lang mitmachte. Er hatte in diesen Wochen der privaten Wasserfestspiele keine Ahnung, wie er diese Affäre fortgeführt hätte und ob überhaupt. Das Freibad schloss erst am 1. September. Doch diese Frage stellte sich dann irgendwann nicht mehr – Aline wollte ihren Freund an einem ihrer seltenen frühaktiven Tage mit etwas gemeinsamem Unterwasserkraulen überraschen und stellte sich just im Kaiser-Friedrich-Bad ein, als Malte seine 21. Runde in Kabine 17 bewältigte. Aline stöberte irritiert in den Hallen des Spaßbades herum, als ihr Malte und Kerstin verrichteter Dinge entgegenstolperten. Die Situation war zwar nicht wirklich eindeutig, aber doch peinlich. Zudem ließ Maltes postkoitale Reaktion den nötigen Feinschliff vermissen. Jeder notorische Stotterer hätte Mitleid mit ihm gehabt.

30 Minuten später hockten Aline und Malte am gedeckten Frühstückstisch in ihrer gemeinsamen Wohnung und führten ein ernstes Gespräch »unter Erwachsenen«. Sogar Blümchen standen darauf, und etwas Müsli. Sie debattierten über die zurückliegenden Monate und kamen überraschenderweise zu dem gleichen Ergebnis: Alles sei ja irgendwie ganz nett gelaufen, aber doch auch so lauwarm, so egal. »Wie bei meinen Großeltern«, hatte Aline irgendwann gesagt, und das hatte Malte dann doch auf die Palme gebracht.

Vermutlich, weil es stimmte. Aus der Phase, in der man dankbar Liebe, Vertrauen und Sicherheit registriert und in Lebensmut und Energie umgewandelt hatte, war man ganz unmerklich in eine Phase der handwarmen Gleichgültigkeit hineingerutscht. Die Symptome waren eindeutig: weniger Gespräche, weniger aushäusige Aktivitäten, weniger Sex miteinander. Steht in jedem Beziehungsratgeber unter der Rubrik »Was Sie auf jeden Fall vermeiden sollten …«

Und dann saßen Aline und Malte in trauter Zwietracht an ihrem Frühstückstisch, so munter wie aus der LBS-Werbung, und was hatten sie vermieden? Nichts. Nicht mal einen Seitensprung.

Malte schaute Aline schuldbewusst an. Er wollte sich gar nicht von ihr trennen, das stand nie zur Debatte, und er hatte es sogar ganz deutlich gespürt, als Aline und Kerstin sich im Freibad plötzlich gegenüberstanden. »Ich weiß nicht, warum ich nicht mit dir gesprochen habe«, sagte er dann und schüttelt den Kopf. »Ich dachte, du bist so beschäftigt mit dir und deiner Arbeit. Und die Sache mit Kerstin …«

»… hat nichts mit mir zu tun? DAS wirst du jetzt nicht sagen, mein Lieber, das ersparst du uns bitte!«

Malte schwieg wie gewünscht, und das war sicher auch das Beste, was er in diesem Moment tun konnte …

Wie wir dem vorherigen Kapitel entnommen haben, ist ein Seitensprung in einer durchschnittlichen Beziehung kein unerklärliches Phänomen aus einem Paralleluniversum oder aus *Akte X*, es passiert auch den hoffnungsvollsten und idealistischsten Paaren. Interessant ist nun, wie ein Paar mit dem größten anzunehmenden Beziehungsunfall *umgeht*. Schließlich ist die präventive Drohung »Wenn du mich jemals betrügst, verlasse ich dich sofort!« nur noch Makulatur, wenn es wirklich zum Äußersten gekommen ist. In der frühen Phase jeder Liebesgeschichte gehört sie zwar zum rhetorischen Standardrepertoire, vergleichbar mit »Bei dir fühle ich mich endlich verstanden« bis zu »Das war die geilste Nacht meines Lebens!« Man sagt es und vergisst es gleich wieder, weil man ahnt, dass derartig absolute Zuschreibungen den Bedürfnissen und Erfordernissen des realen Lebens nicht standhalten können.

Nur Prinzipienreiter und hartherzige Narzisse ziehen jedenfalls die besagte Drohung gnadenlos durch, und um die, so lehrt die Erfahrung, ist es nicht wirklich schade: Solche Menschen führen nämlich sowieso keine empathische Beziehung mit einem gleichberechtigten Partner, sondern halten sich bloß ein formschönes Accessoire an ihrer Seite.

Tatsächlich trennt sich etwa jede vierte Frau nach einem Seitensprung ihres Partners. Wohlgemerkt: nach dem ersten Fremdgehen. Nicht erfasst sind hier notorische Wiederholungstäter. »Wenn man sich auf einen Partner einlässt, gehört ein Seitensprung zum normalen Lebensrisiko – und ist nicht gleich ein Grund, alles gemeinsam Aufgebaute aufzugeben«, berichtete die Paartherapeutin Julia Onken einer Frauenzeitung, und auch der Münchner Psychologe Wolfgang Schmidbauer (*Die heimliche Liebe*) plädiert für die softe Lösung: »Viele Paare sind im Nachhinein froh, sich nicht wegen eines Seitensprunges getrennt zu haben«, sagt er und sieht in der Katastrophe auch etwas Positives:

»Wer die Chance nutzt, Ursache und Gründe für den Fehltritt gemeinsam zu analysieren, dessen Beziehung läuft hinterher oft besser als vorher.«

So weit die Spezialisten. Ich bin da ein wenig skeptischer. Ich glaube nicht daran, dass man an Beziehungen »arbeiten« kann wie an einem Garten oder einer Skulptur, die man mit dem richtigen Gerät und mittels gezielter Hammerschläge in die richtige Form bringt. Ich glaube daran, dass sich Menschen so verhalten, wie sie sich verhalten wollen, ganz ursprünglich, und dass es sie verdammt viel Disziplin und Selbstüberwindung kostet, stets an die Bedürfnisse *zweier* Menschen zu denken. Ist es doch schon schwierig genug, herauszufinden, was man *selbst* erwartet vom Leben, von der Liebe und vom Fernsehprogramm ... Die wenigen glücklichen Paare, die ich kenne, konzentrieren sich hauptsächlich auf die Verwirklichung ihrer eigenen Ziele und verfügen durch eine glückliche Fügung des Schicksals über eine ausreichend große »natürliche« Schnittmenge von Interessen, Übereinkünften und Vorlieben. Sie *arbeiten* nicht an ihrer Beziehung, sondern sie existiert einfach. Diese Menschen passen schlicht und ergreifend gut zueinander. Zugegeben, es gibt nicht viele dieser Paare und wenn, dann sind gerade sie viel weniger »innig« oder gar symbiotisch, als man erwarten würde, sondern in erster Linie pragmatisch. Jedenfalls recht unromantisch und nüchtern für Idealisten wie mich, die gern Meg-Ryan-Filme anschauen und neben all dem zwangsläufigen Zynismus, den man sich antrainiert hat, trotzdem noch an die eine und einzig glücklich machende Liebe glauben wollen – wenn auch mit deutlich abnehmendem Elan. Wenn es bei diesen glücklichen Paaren zu einem Seitensprung kommt – und dazu kommt es, gerade weil Leidenschaft in ihrem Selbstverständnis nur ein Aspekt von vielen ist, häufiger, als man glaubt –, wird hinterher kurz analysiert, wie es weitergehen könnte, und dann *geht* es weiter.

Anders verhält sich die Situation bei Menschen wie Aline und Malte. Sie sind in der Mehrzahl, stecken in der Romantikfalle der großen Erwartungen und der idealisierten Masterpläne und wundern sich, dass sie schon bei den kleinen Etappenzielen nicht aus dem Knick kommen. Sie schaffen es über Monate, die schleichende Egalisierung ihrer Liebesbeziehung zu ignorieren, und sind dann vollkommen überrascht, ja schockiert, wenn plötzlich gleich das große Ganze auf der Tagesordnung steht. Und einen Seitensprung, *den* können auch sie nicht mehr ignorieren und als zu vernachlässigende Begleiterscheinung eines natürlichen Abnutzungsprozesses akzeptieren. Jetzt muss gehandelt werden. Und es wird gehandelt.

Aline und Malte zum Beispiel verabreden sich jetzt wieder richtig miteinander. Sie vergleichen ihre Terminkalender und sagen dann Sätze wie: »Du, am Donnerstag könnte ich die IT-Fortbildung sausen lassen und schon um acht zu Hause sein. Dann gehen wir ins Kino und anschließend noch was essen, was meinst du?« Aline willigt dann ein, auch wenn sie donnerstags eigentlich ab 20 Uhr immer die Bauch-Beine-Po-Quälerei in ihrem Gym ableistet und ahnt, dass sie noch Tage später ein schlechtes Gewissen haben wird, wenn sie diese Einheit schwänzt. Doch beide wissen, dass sie jetzt mal was für sich tun müssen, so als Paar, und deswegen unternehmen sie verstärkt Dinge miteinander, die sie allein so und in diesem Moment sicher nicht gemacht hätten. Daraus entsteht dann wieder mehr Nähe, wenn man Paartherapeuten glauben darf. Ich behaupte: Daraus nährt sich ein intuitiver Widerwille und die Idee, dass es vielleicht doch keine so gute Idee ist, wenn zwei Menschen sich *ein* Leben teilen.

Ich glaube sogar, dass diese vermeintlich so intensiven Phasen bewusster Partnerschaft kontraproduktive Auswirkungen auf das Gesamtprojekt Beziehung zeitigen. In Phasen der relativen Gleichgültigkeit, wenn jeder mehr oder weniger sein Ding durchzieht, kommt man erst nach langen Monaten, manchmal sogar Jahren an diesen Punkt, wo man feststellt: Okay, wir leben zwar hier zusammen, aber ansonsten verbindet uns nicht mehr so wirklich viel. Wie soll das jetzt weitergehen?

In Phasen hingegen, in denen die verdorrte Liebe wieder künstlich beatmet werden soll, wird sehr schnell deutlich, wie wenig man eigentlich wirklich miteinander zu tun hat: So viel Kompromisse, so wenig Leichtigkeit …

Möglich, dass ich übertreibe und die Dinge zuspitze, weil ich hier gerade eine entsprechende Mission verfolge, um die Beziehung als solche zu diskriminieren. Aber im Ernst: Wer kennt diese Paare wie Aline und Malte nicht? Paare, die schon einmal gegen die Wand gefahren sind und nun verzweifelt versuchen, wieder auf ihren romantischen Kurs zurückzufinden. Die sich für den Donnerstagabend *verabreden*, obwohl sie jeden Morgen gemeinsam aufstehen und am Frühstückstisch sitzen. Paare, die plötzlich zusammen ins Museum gehen, Freunde zum Essen einladen und einen Kurztrip ins Mecklenburg-Vorpommersche absolvieren, inklusive Übernachtung in einem Landgasthof der Romantikkette. Paare, die plötzlich viel mehr Zeit miteinander verbringen, als ihnen gut tut, und an die Grenzen ihres Kommunikationsvermögens stoßen. Paare, die sich ganz furchtbar viel Mühe geben, plötzlich wieder zärtlicheren, bewussten Sex zu haben und nicht selten Duftöle, rosa eingebundene Handschellen oder Gummidildos aus dem Erotikkaufhaus *World Of Sex* ins eigene Schlafzimmer schleppen. Paare eben, die verzweifelt daran arbeiten, sich wieder gut zu fühlen miteinander. So gut wie am Anfang, als man die Hände nicht voneinander lassen konnte und die gemeinsame Zukunft wie ein rosafarbenes Versprechen vor ihnen lag. Das luftige Rosa ist weg. *Alles* Leichte ist weg. Eine große Liebe ist plötzlich Lebensgemeinschaft, und das, wonach die neue Definition klingt: eine Firma, die mit viel Engagement am Laufen gehalten werden muss. Viel Aufwand, viel Arbeit und viel Ärger – und wenn man Glück hat, steht am Ende unter dem Bilanzstrich eine schwarze Null ...

Aber selbst bis dahin kann es ein weiter Weg sein. Aline und Malte zum Beispiel sind auch noch zwei Monate nach der Schwimmbad-Geschichte längst noch nicht über den Berg. Malte hat seine Badehose ganz unten im Wandschrank verstaut, obwohl er mal wieder Lust hätte, ein paar Runden zu drehen. Aline checkt heimlich seine E-Mails. Malte erzählt nichts davon, dass er neulich mit seiner neuen Kollegin zum Mittagessen war, obwohl er sie schnippisch und unschön findet. Aline hat sich mit ihrer Freundin Doris für eine Fisch-sucht-Fahrrad-Party im Völkerkundemuseum (!) verabredet. Nur aus Jux, aber sie hat Malte trotzdem bisher nichts davon erzählt. Malte meldet sich für ein Wochenendseminar seiner Agentur an, weil er ein weiteres Naherholungs- oder/und Kulturwochenende mit Aline nicht erträgt. Aline träumt mit offenen Augen von aggressivem, schnellem Sex auf ihrem Balkon und hat ein schlechtes Gewissen deshalb, denn wenn sie und Malte neuerdings zusammen schlafen, gibt er sich echt viel Mühe, zärtlich und leidenschaftlich zu sein. Malte erfindet einen Geschäftstermin und setzt sich allein in eine Kneipe, wo er zusammen mit ein paar anderen Familienflüchtigen eine Wiederholung von *Derrick* anschaut. Aline wird plötzlich »krank«, um einen Segeltörn mit Bekannten und Malte abzusagen, den sie ursprünglich selbst initiiert hatte. Aline und Malte streiten nach der gemeinsamen Lektüre einer meinungsbildenden Sonntagszeitung darüber, ob Israel ein Recht darauf hat, Arafat aus seinem eigenen Land rauszuwerfen und ob Scharon nicht der größere Verbrecher sei. Das Gespräch wird im weiteren Verlauf immer lauter und unsachlicher, und Aline nennt Malte dann irgendwann ein ignorantes Arschloch und einen widerlichen Fremdgänger.

Das geschieht ungefähr drei Monate nach dem ominösen Tag im Freibad mit Kerstin, Malte und Aline. Der Streit stoppt jäh. Beide wissen: *Das* ist es also! Sie sind nicht wirklich erstaunt, beide haben die unverhohlene Aggression Alines und Maltes latent schlechtes Gewissen in den letzten Monaten gespürt. Immer. Ständig.

Beim Essen, beim Fernsehen, selbst beim Sex. »Wie lange willst du mir das jetzt noch vorwerfen?«, fragt Malte nach einer längeren Pause, beinahe tonlos. Aline schüttelt ratlos den Kopf. Sie hat keine Ahnung, wie sie ihre Wut loswerden soll. »Ich vertrau dir einfach nicht mehr!«, sagt sie. Und hofft, dass sie das nur so sagt, um ihn zu verletzen. Aber sie spürt, dass dieses Gefühl jetzt immer da sein wird. Sie findet es selbst unangemessen, kleinkariert, pedantisch. Sie möchte Malte am liebsten in den Arm nehmen. Den Arsch.

»Ich brauche jetzt einfach mal etwas Zeit für mich«

Große Worte, kleine Fluchten

»Wenn zwei sich lieben sollen,
braucht man sie nur zu scheiden!«
Goethe, *Faust I, Walpurgisnachttraum*

Die größten Katastrophen kommen immer auf leisen Sohlen. Mag ja sein, dass sich Paare in einer Lautstärke streiten, mit der *Metallica* das letzte Live-Album aufgenommen hat, aber das Fazit einer solchen Auseinandersetzung kann man getrost vergessen. Egal ob am Ende »Ich will dich nie wieder sehen!« oder »Du kannst allein zur Goldenen Hochzeit deiner Eltern fahren!« dabei herauskommt – nachdem die heiß gelaufenen Motoren sich wieder abgekühlt haben, steht einer neuerlichen Verhandlung über den strittigen Sachverhalt nichts mehr im Wege. Und die Versöhnungen hinterher sind auch nicht zu verachten. Solange in der Beziehung noch gebrüllt wird, besteht Hoffnung. Anders verhält sich die Lage, wenn plötzlich zwei zivilisierte Menschen ganz ruhig miteinander *reden*. Dann geht es meistens nur noch um Schadensbegrenzung ... und Flucht!

Es geschieht gern am Freitagabend. Vielleicht haben

er oder sie in den vergangenen Tagen bereits um einen offiziellen Gesprächstermin gebeten, aber das ist eher unwahrscheinlich. Trotzdem ist Freitagabend ein guter Termin, und ich werde Ihnen später auch mitteilen, aus welchem Grund. Zuvor noch die Präliminarien: Die meisten ernsthaften Beziehungen – also alle mit einer längeren Laufzeit als ein Musical von Andrew Lloyd Webber – werden von Frauen beendet. Ich spekuliere an dieser Stelle nicht darüber, warum das so ist, diesen Spaß behalte ich mir für die folgenden Kapitel vor. Aber es ist tatsächlich so, und aus diesem Grund gehe ich einfach mal davon aus, dass dieses stereotype Freitagabend-Gespräch von einer Frau eingeleitet wird. Es beginnt mit dem klassischen »Du, wir müssen mal reden«, ersatzweise »Hör mal, ich hab dir was zu sagen«, und er wird bekümmert schauen, denn er befürchtet, dass jetzt wieder eine Grundsatzdiskussion ansteht. Die hat er in den letzten Monaten schon einige hundert Mal überstanden, und auch diesmal, so denkt er, wird er die nächsten Stunden schon irgendwie überleben. »Was ist es heute?«, fragt er leicht genervt, »müssen wir wieder über Kinder reden, oder bin ich mal wieder fremdgegangen, ohne dass ich was davon mitbekommen habe?« Nur ein paar Minuten später würde er danach lechzen, sich mit derlei Banalitäten auseinander setzen zu müssen: Sie hat heute ganz andere Sorgen. »Du-hu?!«, beginnt sie, und allein ihr Tonfall sorgt dafür, dass sich bei allen leidgeprüften Männern bereits die Eingeweide zusammenziehen. »Du-hu?! Ich habe mit Petra (ersatzweise Claudia, meinem Papa, dem Frauenhaus ...) gesprochen. Ich glaube, es ist das Beste, wenn ich erst einmal zu ihr (ihm, dorthin) ziehe. Irgendwie kriegen wir es ja nicht mehr auf die Reihe. Ich brauche jetzt einfach ein wenig Zeit für mich, um mir über das ein oder andere klar zu werden. Es muss ja nicht für immer sein ...«

Damit hat er nicht gerechnet. Damit hat ein ER noch nie gerechnet, denn erstens trennt man sich nicht von IHM, und zweitens: Hatten sie nicht erst vor ein paar Wochen darüber gesprochen, einen Neustart zu versuchen? Endlich wieder mehr aufeinander einzugehen, den blöden Seitensprung abzuhaken, am Wochenende wieder mehr zu unternehmen, allein oder auch mit den guten Freunden? Und hatte er nicht, verdammt noch mal, erst am letzten Wochenende Blumen besorgt, einfach so, ohne dass Valentinstag war oder ihr Geburtstag?

Er ist erst einmal sauer, allerdings anders als sonst. Es mischt sich bereits eine Prise Panik ins Gefühlsgemenge, er versteht nur Bahnhof. »Wieso AUSZIEHEN – ich meine, wir sind jetzt fast drei Jahre zusammen – da zieht man doch nicht einfach so aus!«

Wenn sie sich halbwegs unter Kontrolle hat – und das ist ihm zu gönnen, denn er weiß es wirklich nicht besser –, lacht sie jetzt nicht laut auf. »*Einfach so* mache ich das ja auch nicht!«, lässt sie ihn so oder so ähnlich wissen, »aber wir können uns ja nicht ewig weiter dabei zusehen, wie wir die mieseste Beziehung Deutschlands führen. Ich glaube, selbst Liz Taylor und Richard Burton sind liebevoller miteinander umgegangen.«

Das war jetzt ein kleines bisschen unter der Gürtellinie, aber sie können beide drüber lachen. Jetzt ist nicht der Zeitpunkt, um sich anzukeifen. Es handelt sich nicht um ein konventionelles Krisengespräch. Das hat auch er mittlerweile begriffen. Also zeigt er sich von seiner besseren Seite. Er spricht ruhig und akzentuiert. Er ist besonnen. Er strahlt Verantwortung aus, wählt seine Worte mit Bedacht. Er macht sich beinahe in die Hose.

Sie merkt, dass diesmal er es ist, der am Rande des Nervenzusammenbruchs steht. Merkwürdigerweise befeuert sie das noch in ihrem Entschluss. Sie weiß nicht, wie sie mit einer Reaktion zwischen Gleichgültigkeit und spontaner Zustimmung umgegangen wäre, vermutlich hätte sie an sich gezweifelt, freiwillig und ungebeten Konzessionen angeboten. Doch dieser Mensch da gegenüber hat Angst, sie zu verlieren. Sie weiß nicht einmal, dass sie dieses Gefühl genießt, aber es ist so. Sie übt plötzlich Macht aus und registriert, dass die unwillige Aggression ihm gegenüber einem Gefühl der Zuneigung und Sympathie gewichen ist – allerdings ist da plötzlich auch Mitleid im Spiel. Sie hört ihn reden, aber es dringt nicht viel bis zu ihr vor.

Er listet unterdessen all das auf, was er in den letzten Monaten in die Beziehung investiert hat, und wundert sich insgeheim, dass sein inzwischen intensives Panikgefühl in überhaupt keinem Verhältnis zu der Gleichgültigkeit steht, mit der er die letzten problematischen Monate erlebt hat. Sollte er am Ende wirklich Angst davor haben, dass sie sich von ihm trennt? Dass sie das wirklich durchzieht? Das meint sie doch nicht ernst, beruhigt er sich, das *kann* sie doch nicht ernst meinen?

10 Minuten später weiß er, dass sie es ernst meint. Er ist außer sich. Die Sachlage hat sich nicht verändert, nur eine kleine zusätzliche Information hat ihn vollkommen aus dem Gleichgewicht gebracht: »Was soll das heißen, Petra kommt gleich, um dir beim Packen zu helfen?«

Sie bleibt ruhig: »Das heißt, dass Petra mir gleich beim Packen helfen wird. Welchen Teil des Satzes verstehst du nicht?«

Er schluckt. »Heißt das, die ganze Welt weiß, dass du mich verlassen willst? Und ich erfahre das als Letzter?«

»Nein, das heißt es nicht. Es heißt, dass *Petra* weiß, dass ich ein paar Tage zu ihr ziehen möchte. Außerdem weiß sie, dass wir in diesem Jahr kaum bei der *Traumhochzeit* mitmachen werden. Das konnte ich ihr nicht verschweigen.«

Normalerweise schätzt er ihren Sarkasmus, aber nicht in diesem Moment. In diesem Moment fühlt er sich mies behandelt, verraten und mit dem Rücken an der Wand. »Das mit den paar Tagen Abstand kannst du dir in die Haare schmieren«, bölkt er eine Spur zu laut, »wenn du hier rausmarschierst, dann kannst du bleiben, wo ... kannst du bleiben ...«

»... wo der Pfeffer wächst?«, hilft sie ihm bei seiner kleinen Wortfindungsstörung und ergänzt provokant gelassen: »Darüber reden wir, wenn du dich beruhigt hast!«

»Ich bin ganz RUHIG!«, brüllt er zurück, dann reißt er die Tür auf, denn es hat geklingelt. Petra steht dort, *ihre* beste Freundin. Die Schlange. Er schnauzt sie knapp an: »Na, wie geht's?«

Petra schaut ihn an wie einen armen Irren, der auf dem Rummel in eine Boxbude steigt, um sich mit einem Profi zu messen: gleichzeitig fasziniert von seinem Mut und angeekelt von seiner Dummheit. Bevor sie ihm antworten kann, hat er schon nach seinem Parka gegriffen und ist aus der Tür verschwunden. Es mag ja angehen, dass seine Freundin ihn verlässt, aber er wird sich das nicht auch noch ruhig ansehen. Er hat keine Ahnung, wohin er jetzt überhaupt unterwegs ist, aber das eine weiß er: Er will schnell, entschlossen und konsequent dorthin!

Zum Glück ist es ja Freitagabend, und während die beiden Frauen die wichtigsten Habseligkeiten zusammenraffen, um sich dann in ein gemütliches Restaurant zur Manöverkritik zurückzuziehen, hat er die Wahl: Er könnte ein wenig ziellos durch die Stadt laufen, möglichst an einem filmreifen Gewässer entlang und sich ein paar Gedanken machen, anschließend dann in einer Bar versacken und sich betrinken. Er könnte auch einen Freund anrufen, der ihn dann in einer Bar trifft, und dann könnten sich *beide* ein paar Gedanken machen und sich zusammen betrinken. Natürlich könnte er auch sofort in seinem Stammlokal einfallen und an der Alkoholvergiftung arbeiten, die bei einer Katastrophe diesen Ausmaßes unvermeidlich erscheint. Zum Glück muss er ja am nächsten Tag nicht arbeiten. Das ist auch der Grund, warum vorläufige Trennungen meistens am Wochenende über die Bühne gehen. Zufall ist das nicht. Der »Täter« braucht mindestens zwei Tage Zeit, um seine Freiheit mit allerlei munteren Aktivitäten auszufüllen, die ihm unstrittig beweisen: Dieser Schritt war überfällig. Außerdem ist der »Täter« immer derjenige, der sich bei einer Freundin versteckt oder erst einmal ins Hotel geht, und so eine Aktion braucht Zeit und logistisches Geschick.

Das »Opfer« andererseits hat Zeit, seinen körperlichen und emotionalen Kater in voller Pracht auszukosten. Er wird nicht durch die tägliche Routine an seiner Arbeitsstelle davon abgelenkt, dass die zentrale Basis seines Lebens gerade weggebrochen ist, und hat alle Zeit der Welt, so richtig zu leiden. Es macht auch an einem Wochenende wenig Sinn, vor dem Büro des »Täters« herumzulungern und ihr dort Schrifttafeln von der Größe einer Plakatwand zu präsentieren: »Komm zurück! Ich will mich ändern!« Am Montag darauf ist die Verzweiflung schon so dumpf und dröge, dass sie ihr dramatisches Aktionspotenzial minimiert hat. Außerdem wäre es für simple Botschaften ohnehin zu spät, egal, in welcher Größe sie vor dem Bürofenster geschwenkt werden. Vom Verlust der eigenen Selbstachtung mal ganz abgesehen ...

Leider ist es eine festgeschriebene Wahrheit, dass die meisten Männer von Katastrophen überrascht werden, auch wenn sie sich in Großbuchstaben angekündigt haben. Sie will ausziehen, und er ist schockiert, so als ob noch gestern alles in schönster Ordnung gewesen sei. Er ist unvorbereitet, obwohl sie in den letzten Monaten einige hundert Mal damit gedroht hat, sich zu trennen. »Ich sitze auf gepackten Koffern!«, hatte sie ihm schon vor vier Wochen mitgeteilt, doch offenbar wurde dieser Satz ebenso wie die meisten anderen rhetorischen Drohgebärden flugs in Esperanto oder ins Serbokroatische übersetzt. Sprachen, die er leider nicht beherrscht. So geschieht es, dass er Sachen sagt wie: »Du kannst mich nicht *einfach so* verlassen, du musst mir noch eine Chance geben«, nachdem sie seit Wochen mantramäßig hinter ihm hergebetet hatte: »Das geht so nicht weiter. Das geht so nicht weiter. Das geht so nicht ...«

Männer und Frauen leben in Paralleluniversen. Sie hören das in diesem Buch nicht zum ersten Mal, aber ich fürchte, auch Sie haben es immer noch nicht verstanden. Wer das nicht glaubt, sollte sich von einem Paar in einer problematischen Krisensituation einmal unabhängig voneinander die letzten gemeinsamen Monate schildern lassen und versuchen, aus den Informationen beider Lager ein halbwegs stimmiges, nachvollziehbares Bild zu zeichnen – es wird nicht gelingen.

Da dieses Buch es sich zur Aufgabe gemacht hat, auch einige praktische Hinweise zur Bewältigung von Krisensituationen zu liefern – und was ist die Beziehung zwischen Mann und Frau anderes? –, folgt nun eine kleine Liste mit den Dingen, die man in einer konkreten Trennungsphase möglichst unterlassen sollte. Besser, Sie halten sich dran. Macht zwar das große Ganze nicht besser, lässt die schmutzigen kleinen Details aber sozialverträglicher erscheinen ...

Für jene, die ihren Partner verlassen

1. Vermeiden Sie es, Ihren Entschluss bekannt zu geben, wenn Ihr zukünftiger Expartner am nächsten

Tag seine Diplomklausur schreibt oder eine Party mit 300 Leuten anlässlich seines 30. Geburtstags feiert.

2. Weihen Sie so wenig Leute wie möglich in Ihren Plan ein, bevor Ihr Partner davon erfährt, dass er demnächst wieder Single-Pizzas kaufen wird.
3. Setzen Sie sich nicht unter Zeitdruck. Eine Verabredung zum Kino mit Ihrer besten Freundin oder gar ein Date mit dem potenziellen Nachfolger der gerade abgeschossenen Exbeziehung sorgt möglicherweise für etwas mehr Aggression auf der Gegenseite, als einer einvernehmlichen Trennung gut tut. Ganz abgesehen von dem Eindruck, Sie seien ein herzloses Miststück.
4. Seien Sie in den folgenden Tagen besser unerreichbar.
5. Tauchen Sie nicht jeden zweiten Tag in Ihrer gemeinsamen Wohnung auf, um nach Seidenslips, Handtaschen oder etwas Feinwaschmittel für den Waschsalon zu suchen – Sie machen sich unglaubwürdig.
6. Lassen Sie sich nicht auf stundenlange nächtliche Telefonate ein, das führt zu nichts außer nervenden Konzentrationsschwächen am nächsten Tag.
7. Führen Sie sich besser nicht in Versuchung, die jüngste Vergangenheit zu verklären, und blättern Sie keinesfalls in gemeinsamen Fotoalben.
8. Erzählen Sie Ihren Eltern in den ersten vier Wochen nur das Nötigste.
9. Fahren Sie in Urlaub, wenn es die Situation erlaubt und Ihr Bankberater nicht sein Veto einlegt.
10. Denken Sie noch mal drüber nach.

1. Reißen Sie sich zusammen, heulen Sie so wenig wie möglich und vor allen Dingen: Betteln Sie nicht um eine neue Chance. Alles, was Sie damit erreichen, ist ein wenig Mitleid, und das kann weder jetzt noch später die wahre Lösung sein.
2. Auch wenn Ihnen die gemeinsame Wohnungseinrichtung nicht mehr gefällt: Es macht Sie noch nicht zu einem Rockstar, wenn Sie jetzt Schrankwände zu Kleinholz verarbeiten.
3. Versuchen Sie nicht herauszufinden, wohin sich Ihr Partner verkrümelt hat. Entweder er kommt von allein zurück oder gar nicht.
4. Kein Telefonterror bei der besten Freundin/beim besten Freund Ihres Partners. Bodenlose Verzweiflung ist ein beliebtes Thema auf all jenen Partys, wo man dann peinlich betreten auf den Boden blicken wird, wenn Sie eintreffen.
5. Meinetwegen können Sie einen langen Brief an Ihren Expartner formulieren, in dem Sie noch einmal Ihren Standpunkt klar machen und auf 22 Seiten nichts anderes zum Ausdruck bringen, als: HILFE! KOMM ZURÜCK! Aber schicken Sie ihn um Gottes willen nicht ab.
6. Wandern Sie nicht sofort nach Australien aus. Warten Sie damit noch drei Monate, bis Sie sicher sind, dass Sie nicht am liebsten beim Zwischenstopp in Singapur wieder umdrehen wollen.
7. Denken Sie nicht mal dran. Magenauspumpen gehört zu den widerlichsten Verrichtungen, die ein

Mediziner anbietet. Und anschließend müssen Sie mindestens drei Monate zu einem Typen gehen, der blöde Fragen stellt und von der Kasse bezahlt wird.

8. Stürzen Sie sich in eine Affäre. Das möbelt Ihr Selbstwertgefühl auf und stellt Ihren Expartner vor eine harte Probe.
9. Bewerben Sie sich nicht bei Kai Pflaume. Menschen, die ihre erkaltete Liebe wieder aufwärmen wollen, weil ihnen in einem zugigen Wohnmobil sentimentale Videos vorgeführt werden, gehören an den Marterpfahl.
10. Denken Sie doch mal drüber nach, wie viel besser es Ihnen ohne diese nervende Beziehung gehen könnte.

Wenn Männer leiden

In Würde trauern? Netter Versuch!

»Ich verlange von einem Mann nur drei Dinge:
Er muss gut aussehen, skrupellos sein und dumm.«
Dorothy Parker

Das Ende der Welt fand zwischen Fenchelsuppe und Topfenknödeln statt. Während ein bemühter Kellner mir und Anna, der potenziellen Mutter meiner Kinder, ein fünfgängiges Menü auftischte, zog diese einen Schlussstrich unter knapp drei Jahre Beziehung. Ich kann nicht behaupten, ihre Melange aus Schluchzern, Vorwürfen und Urteilssprüchen vollständig verstanden zu haben. Klar war mir nach diesem letzten Abendmahl nur eines: Wir waren gegessen!

Frauen sind Monster. Ich habe es geahnt. Drei von vier aller längeren Beziehungen werden von Frauen beendet. Eine Erkenntnis, die sich vermutlich auch statistisch belegen lässt. Ich habe sie durch private Feldforschung in meinem Freundeskreis gewonnen. Absolut zuverlässig also. Dass meine Freundin Anna *mir* den Laufpass geben könnte, hielt ich trotzdem für unwahrscheinlich. Dementsprechend unvorbereitet war ich, als es dann geschah. Ziemlich unvorbereitet. So unvorbereitet, dass ich innerhalb von Sekunden alle Gefühlsregungen zwischen Fassungslosigkeit, tiefem Schmerz und abgrundtiefem Hass durchlebte, bevor ich in eine, wie mir heute scheint, angemessene Phase stummer Depression verfiel.

Ich mümmelte mich durch die sündhaft teuren Speisen, die ich sowieso nicht schmeckte, und als ich schließlich das Etablissement verließ, war ich nicht nur wieder Single, sondern auch der erste Zombie Deutschlands, der ein steuerlich nicht absetzbares Trinkgeld gegeben hatte.

Am nächsten Morgen ging es mir gut. Jedenfalls glaubte ich das. Schließlich sind Männer in einer Situation wie dieser aufgeschmissen, wenn sie zugeben müssen, dass sie leiden wie die Wildschweine. Ich bin als Indianer zur Welt gekommen. Was heißt, dass ich nicht mit Puppen spiele, Feuerwehrmann werden wollte und möglichst nicht weinen darf, es sei denn, St. Pauli steigt in die 1. Bundesliga auf. So was prägt. Es gibt ein paar ganz furchtbare Sätze, die ein Mann nur schwer über seine Lippen bekommt. Sie lauten: *Ich bin verlassen worden. Ich fühle mich einsam. Ich habe Liebeskummer.* Eher hätte ich mich mit dem Telefonkabel erdrosselt, bevor ich einen Freund angerufen und ihn um Beistand gebeten hätte. Also versuchte ich verzweifelt, mir nichts anmerken zu lassen. Cool zu sein. Lässig. Souverän. Im Büro klappte das auch wunderbar. Irgendwer fragte, ob meine Oma gestorben sei. Ich schlug ihn nieder, es war Notwehr. Ich wurde nach Hause geschickt, was mir ganz recht war. Da konnte ich die Trennung sicher besser verarbeiten, deshalb fing ich gleich schon einmal damit an.

Ich befestigte ein Bild von Anna an der Wohnzimmerwand und warf mit Dartpfeilen darauf. Für Voodoo fehlten mir leider die notwendigen Utensilien. Trotzdem bemühte ich mich, nur abscheuliche Bilder der letzten Monate aufzurufen: Auseinandersetzungen, Streits, halbherzige Versöhnungen. Die Trilogie des täglichen Wahnsinns. Monatelang. Es ging immer um die gleichen Dinge, und wenn die hinreichend erörtert waren, fielen uns neue Konflikte ein, die wir nicht lösen konnten: Kinder, Küchenarbeit, kirchliche Trauung oder gar keine, *Wüstenrot* oder Fernreise, *Tatort* oder Arte – es gab viel zu streiten, und wir packten uns an. Das war keine Liebesbeziehung, die sich da auf 98 Quadratmetern Altbau ausbreitete, das war ein grausamer Krieg in einer Vernunft befreiten Vierzimmerzone. Ich wunderte mich plötzlich, wieso ich nicht schon von selbst darauf gekommen war: Diese Beziehung war schon klinisch tot gewesen, bevor Anna den Stecker gezogen hatte. Ich sollte ihr dankbar sein. Jubeln sollte ich, dass diese Dörrpflaume endlich aus meinem Leben verschwand. Prima. Jawohl: prima! Und ich »genoss« meine neue Freiheit und machte nur noch das, was mir gefiel. Keine Kompromisse, kein anderes Bier: vierzehn Tage lang.

Die Bilanz dieser Zeit liest sich wie eine Chronologie des gesellschaftlichen Selbstmords: Ich verweigerte meine beruflichen Pflichten und schaute 18 Stunden am Tag fern. Zwischendurch schüttelte mich der eine oder andere Aktionsschub, und ich handelte: So quälte ich einen hilflosen Menschen bei der *Telekom*, er solle den gemeinsamen Telefonanschluss von Anna und mir sofort stornieren und aus allen Telefonbüchern tilgen. Ich warf Annas Habseligkeiten aus unseren »Sozialräumen« in ihr nun unbewohntes Zimmer, um ihr in vorauseilendem Gehorsam schon einmal den Umzug zu erleichtern. Ich quatschte Annas Freundin Maren, bei der sie untergekommen war, den Anrufbeantworter mit Wohnungsanzeigen voll und erkundigte mich beim australischen Konsulat, wie es mit den Einwanderungsbedingungen für Journalisten bestellt sei. Alles Sachen, die mir und vor allem meinem Umfeld schlüssig bewiesen, wie souverän ich meine neue Situation bewältigte.

Nach vierzehn Tagen verlor sich der Reiz, von einem Pizzadienst ernährt zu werden, Bier zu trinken und ständig in einem Trevira-Trainingsanzug herumzulaufen. Auch Johann Sebastian Bach und Bad Religion nervten langsam. Mein Chef klang auf dem Anrufbeantworter schon leicht vergrätzt. Meine Freunde richteten rührende Appelle an meine Adresse: »Komm raus aus deiner Gruft, das ist doch alles nicht so schlimm, auch andere Mütter haben hübsche Töchter. Aber, hey, falls du dich doch umbringen solltest – kann ich deine Playstation bekommen?«

Ich hatte die Wahl, zum Flughafen zu fahren und meine jämmerliche Arbeitnehmer-Existenz durch eine Flucht nach Bangkok zu beenden. Aber dann erinnerte ich mich daran, dass ich vermutlich zu den Typen gehörte, die sich nach drei Monaten die Rückflugtickets beim Deutschen Konsulat erbetteln würden. Was wäre das anschließend für eine Lauferei zu Ämtern, Banken und Versicherungen? Und das waren noch die kleineren Probleme. Also wählte ich eine pragmatische Lösung. Ich blieb, wo ich war, und versuchte, an Ort und Stelle mein Leben zu verbessern. Das ging – bei schlechterem Wetter, aber besseren öffentlichen Toiletten – ja auch in Deutschland. Abgesehen von den ruhigen Stunden, in denen ich rund 500 CDs, eine Harley Davidson, eine vollständig neue Garderobe und einen Videolehrgang »Ghanaische Küche – genießen wie die Stammesfürsten« käuflich erwarb sowie meinen Friseur mit absurden Ideen zur Verzweiflung trieb, begab ich mich auf Kontaktsuche. Anna war schließlich nicht die einzige Frau auf der Welt. Ja, vermutlich nicht einmal die beste. Wieso also ewig trauern? Da draußen warteten Tausende von verzweifelten Singles auf mich.

Dabei ging ich natürlich diskret vor. Ich kannte ja meine Geschlechtsgenossen: verzweifelte, verlassene Jungs mit hängenden Schultern, die ihr gekränktes Ego immer mit sexueller Hyperaktivität aufrichten wollen. Ich kannte auch die Verzweifelten, die sich atemlos von der gerade mit Pauken und Trompeten gescheiterten Beziehung schon wieder in die nächste stürzten und auf Nummer sicher gingen: Reihenhaus, zwei Kinder und der Kombi – die Single-Baustelle sollte für immer geschlossen werden.

Ein bisschen mehr Zeit hätte diesen Jungs schon gut getan. Bei mir lag der Fall anders: Ich war *durch* mit meiner Altlast. Ich war eben schnell. Wieso abwarten? Keine Zeit verlieren, war meine Devise: Ich begann, systematisch nach der neuen großen Liebe zu suchen, knapp drei Wochen, nachdem die Frau meines Lebens mich verlassen hatte. Und ich wurde fündig. Immer wieder. Meistens dauerten die eheähnlichen Verhältnisse mit meinen neuen Lebensgefährtinnen rund zwölf Stunden und endeten nach einem einsilbigen Frühstück damit, dass ein Zettel mit einer Telefonnummer im Müllschlucker verschwand. Leider wurde ich auch im unmittelbaren Umfeld meines Büros fündig. An den weisen Leitsatz *Never fuck in the Factory* erinnerte ich mich dummerweise erst wieder, nachdem sich mein Arbeitsplatz zur tretminengepflasterten Zone entwickelt hatte. Das Leben ging weiter, und alles wurde schlechter:

Mein Chef appellierte an meine Vorbildfunktion als Was-auch-immer!, befreundete Kollegen an das bisschen Verstand, das mir geblieben sein müsste, und die Damen der Registratur weiterhin an meine niederen Instinkte. Es half nichts: Jetzt brauchte ich auch noch einen neuen Job!

Etwas mehr als drei Monate ist es her, seitdem Anna mich aus meinem eigenen Leben gekegelt hat. Seit einer Woche habe ich nicht mehr versucht, mich in einer Bar zu betrinken und gleichzeitig eine Tresenbekanntschaft zu mir nach Hause zu quatschen. Es *musste* mir einfach besser gehen. Anna rief ich nicht mehr an, bloß um ihr mitzuteilen, dass ich sie nicht vermisste. Sie war, soweit man das sagen konnte, aus meinem Leben verschwunden. Okay, die Sache bei Kai Pflaume hatte ich noch nicht abgeblasen, ich war einfach neugierig, was Anna sagen würde, wenn ich ihr bei *Nur die Liebe zählt* aus dem Helikopter einen Heiratsantrag singen würde.

Aber das war nur eine wenig aussichtsreiche Option – vermutlich würde ich bei *Nur die Liebe zählt* nicht mal als Saalkandidat akzeptiert. »Keine Chance«, würde Kai wohl sagen, so wie ich ihn kenne, »du hast dich wirklich zu blöd angestellt. Erst merkst du drei Jahre nix, und jetzt winselst du hier rum.«

Danke, Kai. Dass ich noch jeden Morgen im Halbdämmer nach Anna taste, für zwei Leute den Frühstückstisch decke und jeden Samstag unsere Urlaubsdias anschaue, bedeutet dir wohl überhaupt nichts! Fernsehfuzzi!

Ich bemitleidete mich nur noch selten. Ich stierte nur noch jede zweite Nacht stundenlang aufs Telefon. Ich relaxte bei Gedichten wie *Tränen in schwerer Krankheit* von Andreas Gryphius oder groovigen gregorianischen Gesängen. Manchmal ging ich auch die ganze Nacht spazieren – vor ihrem Schlafzimmerfenster. Es war offenkundig: Ich befand mich auf dem besten Weg, Anna zu vergessen.

Am achtundneunzigsten Tag nach unserer Trennung interessierte ich mich zum ersten Mal wieder für die *Sportschau* – das ist diese Sendung, die mal *ran* hieß. Ein immenser Fortschritt. Zwei Tage später gelang es mir, ein Buch zu lesen, und am gleichen Abend ertappte ich mich dabei, wie ich mir Greumels Disco-Geschichten anhörte, ohne dabei an grässliche Formen der Selbstverstümmelung zu denken. In dieser Phase des existenziellen Blühens und Gedeihens erreichte mich Annas Anruf. Ob wir uns nicht noch einmal treffen könnten, sie habe den Eindruck, so ganz sei unsere Geschichte noch nicht vom Tisch. Sie habe in den letzten

Wochen viel nachgedacht, und ja, *zugegeben*, auch sie habe Fehler gemacht ...«

In meinem Magen kämpften eine Menge Gallier mit spitzen Schwertern und Messern gegen eine Horde Römer, vermutlich trällerte sogar ein Barde gegen meine Magenschleimhaut, so genau verstand ich das aufregende Naturschauspiel in meinem Inneren noch nicht.

Anna blubberte und faselte in einer Tour in den Hörer, sie schien vorerst keine Antwort von mir zu erwarten. Ich war *etwas* zu aufgeregt, um jeden Satz in seiner vollen Bedeutung zu erfassen, ihr Text erreichte mich als monotone Brandung einzelner Wort- und Satzfetzen. Nur so viel verstand ich: Anna wollte mich sehen, und die Chancen, dass wir uns im Anschluss an dieses Treffen die Kleider vom Leib rissen, standen gar nicht so schlecht. Ich weiß nicht, was Sie in einem solchen Moment gesagt hätten, vermutlich wären Sie ganz cool geblieben und hätten die Situation erst einmal nüchtern analysiert. Das war auch mein Plan, aber ehrlich gesagt, hielt ich nur zehn Sekunden daran fest. Es waren die zehn Sekunden, die zwischen ihrer letzten Frage lagen und dem Moment, in dem ich realisierte, dass jetzt offenbar mein Dialoganteil gefragt war. Eigentlich wollte ich sagen, dass ich es ganz schön link fände, wie kurz und schmerzlos sie mich einfach so abserviert hatte, und dass ich nicht auf der Welt sei, um ihren Lokus zu beleuchten und noch ein paar andere Dinge, von denen ich annahm, dass sie ganz angemessen klangen. Was ich tatsächlich rausbrachte, klang jedoch eher wie: »Ich hab dich soo vermisst.«

Zwei Tage später saßen wir wieder bei Fenchelsuppe und Topfenknödel zusammen und erklärten die vergangenen 100 Tage für einen Fehler, ein großes Missverständnis und ein Mahnmal für unsere zukünftige, wieder aufgelegte Beziehung. Wir versprachen uns die totale Reformierung unseres Liebeslebens: Nie wieder würden wir unaufmerksam sein, wir würden uns zuhören, miteinander sprechen, Zeit füreinander aufbringen, einfach mehr Nähe zulassen. Als das geklärt war, baten wir den Kellner um die Rechnung und gingen ins Kino.

Therapie zwecklos?

Couch-Potatoes

»Beziehung ist das, was sich zwischen zwei Menschen abspielt, während sie warten, dass sie was Besseres finden.«

Helene Campion

Natürlich ist es hässlich und unbefriedigend, eine problematische Beziehung zu führen. Aber es gibt eine Sache, die noch viel schlimmer ist: Wenn es diese unbefriedigende, hässliche Beziehung plötzlich *nicht mehr* gibt und sich das Leben danach keinen Deut besser anfühlt.

Das geschieht viel häufiger, als man wahrhaben möchte. *The day after* bot noch aus der Perspektive des Gebundenen jede Menge sonniger, viel versprechender Möglichkeiten – so viele neue Leute, so viel freie Zeit, so wenig schlechtes Gewissen. Doch nach kurzer Zeit erweist sich das alles als reines Wunschdenken. Leider entpuppen sich die vielen neuen Leute, die man jetzt kennen lernt, hauptsächlich als mediokre Randfiguren, mehrheitlich an sich selbst interessiert und mit kruden Eigenheiten, die man in einem Handbuch der psychischen Auffälligkeiten erwarten würde. Und seine »alten« Leute, denen man jetzt endlich wieder viel mehr Zeit einräumen möchte, sind ihrerseits gar nicht so sehr daran interessiert, abends in Theatern oder Bars zu hocken und am Wochenende muntere Landpartien zu unternehmen. Sie leben mehrheitlich in Beziehungen. Ein Umstand, der in den Wunschvorstellungen von gemeinsamen, wahlweise ruhigen oder unternehmungslustigen Männerabenden doch tatsächlich vergessen worden war... Womit wir bei der nächsten Lüge wären: Freiheit, Freizeit, Unabhängigkeit... Alles gute Güter, die man nicht missen möchte. Vorausgesetzt, man weiß etwas damit anzufangen. Die viele freie Zeit will sinnvoll gefüllt sein. Es ist eine schockierende Erkenntnis, aber nach dem dritten langweiligen Wochenende hintereinander, das nur in stummer Zwietracht mit sich selbst und bleischweren Stunden vor dem Fernseher überstanden wurde, lässt sie sich nicht mehr von der Hand weisen: Vielleicht war ja der Exfreund oder die Exfreundin doch nicht der Ursprung *allen* Übels, wie bisher gedacht? Könnte das sein? Und wenn ja, hat man dann nicht einen furchtbaren Fehler gemacht, ausgerechnet den Menschen, der einen zur muffeligen Morgenstunde in auberginefarbenen Bärchenpantoffeln ertrug, in die Wüste geschickt zu haben?

Es gibt jetzt zwei Möglichkeiten: Man lässt sich auf einen »neuen« Partner an seiner Seite ein, beginnt das Spiel bei Kapitel zwei dieses Buches wieder neu und akzeptiert besser gleich, dass auch die nächste Wahl keinesfalls so perfekt sein wird, wie man das hofft, wenn man den arglosen Neubestäuber als Katapult heraus aus dem unbewältigten Beziehungsdunst missbraucht. Oder man beginnt mit dem, was der Paartherapeut gern als »das Stadium der Verklärung« bezeichnet. Heißt: Nach dem in der Neurologie eher unbekannten Prinzip der gesteuerten Teilamnesie ruft der unglückliche Neusingle nur die Erlebnisse aus seiner Zeit mit Britta, Klaus oder dem US-Präsidenten auf, die von Glückshormonen begleitet wurden: Als Britta am Strand von Sansibar plötzlich auf die Idee kam, in ein verwaistes Fischerboot zu steigen, und sich vorher ihres Slips entledigte. Als Klaus an einem Winterabend vom dritten Stock in den Keller hinabstieg, um ihre knöseligen roten Wollsocken aus dem Rotkreuzsack zu retten. Als Bill im Oval Office endlich diese blöde Zigarre auf den Schreibtisch legte und ...

Aber lassen wir das, Sie haben das Prinzip verstanden: Erinnert werden nur die schönen Details aus der gerade erst überstandenen Beziehung, der dumpfe, meist überproportionale große Rest verschwindet einfach in der Wüste des Unterbewusstseins. Klar, man weiß schon noch, dass diese Beziehung nicht die reine Freude gewesen sein kann, sonst hätte sie wohl kaum so viel Gezänk und so viel Drama hervorgerufen. Doch Dank der raffinierten Verdrängungstechniken des Menschen ist dieser im Nachhinein in der Lage, selbst Begegnungen mit dem Heidemörder oder einem stadtbekannten Heiratsschwindler positiv umzudeuten. Und aus einer Partnerschaft, die noch vor kurzem als sprach-, freud- und sexlose Ödnis charakterisiert worden wäre, entsteht in der Erinnerung nur drei Monate nach der Trennung eine tiefgründige Liebe, die sich eben nicht in oberflächlicher erotischer Attraktion oder leerem

Geschwätz verlor, sondern die sich auf tieferer Ebene nahezu nonverbal ausdrücken konnte.

Natürlich sind das jetzt verstiegene, ganz schön abstrakte Weisheiten. Es geht natürlich auch anders. Wenn man zu Vereinfachungen neigt, könnte man die Schlusspointe des vorangegangenen Kapitels auch kurz in nur einem Satz zusammenfassen: Johanna hat sich von ihrem Freund getrennt und nach drei Monaten festgestellt, dass sie einen Fehler gemacht hat. Aus die Maus. Geht auch. Wie Sie wollen. Dumm ist jetzt nur, dass es nicht so simpel weitergeht. Das weiß Johanna, und das weiß jeder, der einmal versucht hat, eine alte Liebe wieder aufzuwärmen. Weitermachen wie bisher funktioniert nicht. Jedenfalls nicht sofort. Eine Schamfrist muss schon sein. Eine Schamfrist, in der beide Parteien mit gutem Willen und einer großen Portion Blauäugigkeit darauf hoffen, in der Zwischenzeit andere, vielleicht sogar bessere, auf jeden Fall aber beziehungsfähigere Menschen geworden zu sein.

Leider funktioniert das in den meisten Fällen so gut wie die Ehen von Joschka Fischer. In diesen Tagen wurde gerade sein vierter Versuch geschieden, aber bei dem Tempo des rundum aktiven Marathonläufers dürfte das zu dem Zeitpunkt, an dem dieses Buch erscheint, schon wieder überholt sein. Fakt ist: Allein aus gutem Willen und dem Umstand, dass eine oder zwei Trennungsversuche nicht dazu geführt haben, dass sich zwei Menschen endgültig voneinander lösen konnten, wird noch keine effektive neue Beziehungskultur geboren.

Weniger progressive Rückfall-Paare merken dies

daran, dass die wohl bekannten alten Probleme nach kurzer Karenzzeit wieder auftauchen – größer, intensiver, enervierender als vorher. Schließlich haben sich charakterliche Dispositionen in der Zwischenzeit nicht geändert: Aktenzeichen XY – weiterhin ungelöst.

Wenn man bedenkt, dass nur wenige Menschen in der Lage sind, diesen Umstand stoisch und demütig zu ertragen, kann man sich in etwa vorstellen, was die kommenden Monate bringen. Noch mehr Streit, weitere Trennungen, Frustration ohne Ende – und manchmal eine Schwangerschaft, die ein paar Monate lang die Probleme übertüncht und dann endgültig ins partnerschaftliche Chaos führt.

Es gibt auch eine Alternative zu diesem Szenario. Die reflektierende Fraktion unter den Wiederholungstätern vermeidet alte Fehler. Sie weiß, dass die konventionellen Versuche, die Beziehung wieder aufzupeppen, schon vor der Trennung in die Hose gegangen sind. Smart, konstruktiv und sozialpädagogisch versiert, wagt sich also der aufgeklärte Teil unserer Beziehungs-Bevölkerung an ganz andere, neue und natürlich größere Probleme heran. Dialogversiert und vom Bewusstsein beseelt, dass sich mit etwas Anstrengung und Engagement jedes noch so verzwickte Problem lösen lassen dürfte, schalten sie eine dritte Person ein, um den gemeinsamen Seelenhaushalt zu regulieren. Es betritt die Szenerie, Narhalla-Marsch: der Paartherapeut.

Halten Sie mich für einen Ignoranten, einen Dummschwätzer oder einen hybriden Spötter, damit werde ich leben müssen. Aber gestatten Sie mir trotzdem, ein paar Ansichten zu formulieren, für die mich jeder Stammtisch zum Vorsitzenden ausrufen würde: Ich glaube nicht daran, dass ein Mülltrenner im Norwegerpulli oder ein schwarz gekleideter Sartre-Freund mit schwarzer Hornbrille in irgendeinem Liebesleben herumtollen sollte – außer dem eigenen, denn da liegt erfahrungsgemäß auch stets eine Menge im Argen. Ich kenne kein Paar, bei dem der Versuch »Paartherapie« langfristig von Erfolg gekrönt worden wäre. Erzählen Sie mir nichts von den richtigen Fragen, die man dort gestellt bekommt, von einer objektiven Instanz, die endlich, endlich für aggressionsfreien Austausch sorgt. Ich kenne nur Paare, die sich dort den entwürdigendsten Situationen ausgesetzt haben und verstörter wieder in ihr Leben zurückkehrten, als sie es verlassen hatten. Paare, die sich stundenlang mit der Bedeutung seines potenziellen Analsex-Wunsches auseinander setzen mussten, obwohl sie den noch nie praktiziert hatten. Paare, die vor einem Dr. phil in dessen Praxis »Hemmungen voreinander abbauen« durften, indem sie lustige Gesänge unter der Dusche simulieren sollten. Als Hausaufgabe erhielten sie den Befehl mit auf den Weg, demnächst gemeinsam die Toilette zu benutzen, um sich voreinander zu öffnen. Ich frage mich: Was bedeutet es für eine Beziehung, wenn *er* erfährt, dass seine frühkindliche Fixierung auf die Glocken der Nachbarin sein Sexleben auch noch 2004 beeinflussen könnte? Wie bitteschön ist es zu bewerten, dass *sie* schon immer einen Hang dazu hatte, sich im Vollzug der Missionarsstellung ältere Herren mit Kugelbäuchen in Turnhosen vorzustellen? Wird dieses ausdiskutierte Wissen dazu führen, dass *er* plötzlich zu einem ausgeglichenen Mann mutiert, der neue Kommunikationsmuster entwickelt (also:

mit ihr spricht!), gemeinsame Aktivitäten befürwortet (also Botho Strauß in Stadttheatern anschaut) oder Verantwortungsgefühl generiert (also: plötzlich einen Kinderwunsch entwickelt)? Alles Dinge, die sie sich schon immer von der Partnerschaft erhofft hatte?

Wird *sie* im Gegenzug aufhören, ihn als Projektionsfläche gesellschaftlichen Aufstiegs umzupolen; akzeptieren, dass er mehr Freiräume für sich beansprucht, als sie ihm bisher zu geben bereit war, und aufhören, ihren Bizeps zu trainieren, und stattdessen mit einer Brust-OP liebäugeln?

Wenn Sie mich fragen: keineswegs.

Die Paartherapie *wird* dazu führen, dass ...

- er künftig vermeidet, beim Sex oben zu liegen, obwohl er gar keinen Kugelbauch hat;
- sie darüber nachdenkt, woher sein Analsex-Wunsch kommt und ob er sie schon vom ersten Tag an nicht respektiert hat;
- gemeinsames Duschen, bisher ein eher auflockerndes Moment in ihrer Beziehung, in Zukunft flachfällt und überhaupt die Erwähnung des Sinnzusammenhangs »Körperhygiene« ab jetzt peinliche Stille und Darmverschlüsse heraufbeschwören wird;
- sie ständig von ihm wissen will, ob ihre Brüste groß genug sind und ob er das Bindegewebe der Nachbarsfrau mal einschätzen könne: 80 D etwa oder noch größer?, obwohl er noch nie, wirklich noch *nie* ein Problem mit ihren 70-B–Körbchen hatte.

Die Paartherapie wird dazu führen, dass beide jetzt Dinge voneinander erfahren haben, die sie aus gutem Grund noch nie wissen wollten. Außerdem ist sie teuer.

Man hätte von dem Geld auch nach Mallorca fahren können. Das wäre auch kein Garant für eine sorgenfreie Zeit gewesen. Aber zumindest die Aussichten auf einen perfekten Teint wären rosiger gewesen.

Natürlich ist es nicht grundsätzlich verkehrt, alles zu versuchen, um eine Beziehung zu retten, an der einem grundsätzlich etwas liegt. Allerdings sollte man vermeiden, eine dritte oder vierte Person mit seinen eigenen Problemen zu belästigen. Die vermeintliche Objektivierung subjektiv erlebten Ärgers führt nämlich in der Regel nicht zu mehr Erkenntnis oder Frieden, sondern nur zu einer dritten Perspektive auf einen Sachverhalt, dem schon zwei unterschiedliche Haltungen nicht gut bekommen.

»Du bist doch total unreif!«

Der finale Rückfall

»Dies ist eine Entwicklung, die fast jede Leidenschaft durchläuft. Es beginnt mit Begehren und endet im Ekel. Dieser Prozess braucht manchmal Jahre, kann sich ebenso gut binnen vierundzwanzig, ja sogar nur zwölf Stunden vollziehen. Dabei sollte derjenige, der den Ekel empfindet, sich klar machen, dass der andere vor ihm wahrscheinlich dasselbe verspürt. Ekel kann ein Bindemittel sein, das eine halbtote Beziehung noch Monate, manchmal Jahre am Leben erhält. Trauriger ist das Ende aus purer Gleichgültigkeit.«

Marek van der Jagt (aka Aaron Grünberg), *Monogam*

»Lennart, hallo?«

»Ich bin's.«

»Ach, hallo. Wo bist du? Ich warte schon auf dich.«

»Bei Petra. Brauchst nicht zu warten. Ich wollte dir nur sagen, dass ich heute nicht nach Hause komme.«

»Wieso? Geht ihr aus?«

»Nein.«

»Und?«

»Nichts und. Ich komme nicht nach Hause. Überhaupt nicht mehr. Nicht solange du nicht ausgezogen bist. Pack deinen Krempel zusammen und verschwinde.«

Sie legt auf.

»Johanna? Johanna! Sag mal, hast du ...

Er wählt. Es klingelt.

»Ja?«

»Hi. Gib mir mal Johanna.«

»Will nicht mit dir reden.«

»Gib sie mir trotzdem. Bitte.«

»Geht nicht, Lennart, sie will wirklich ...«

»Verdammt noch mal, Petra, GIB SIE MIR. Oder soll ich vorbeikommen und Steine gegen die Fenster werfen oder mit dem Megaphon die Nachbarn aufhetzen?«

»Nee, lass mal, das war schon beim letzten Mal nicht so prall.«

»Dann sag Johanna bitte, dass ich sie kurz sprechen will. Nur kurz, wirklich.«

Der Hörer wird hingelegt. Unverständliches Murmeln aus dem Hintergrund. Schritte.

»Was willst du noch?«

»Wärst du so nett, mir zu erklären, was das soll? Ich habe keine Ahnung, warum du mir jetzt diese Szene machst.«

»Ich mache dir keine Szene. Ich verlasse dich. Soll ich's buchstabieren?«

»Okay, du verlässt mich, okay, in Ordnung. Ist ja nicht das erste Mal. Aber was ist es diesmal? Ich meine, was ist der Grund? Bist du heute Morgen aufgestanden und hast gedacht, oh, es ist Mittwoch, ich muss zur Bank, zum Supermarkt und außerdem meinen Freund verlassen ...? Bist du nicht ganz bei Trost?«

»Schrei lauter, los, vielleicht schaffst du's ja, dass mein Trommelfell platzt.«

»Entschuldige. Aber ich bin gerade etwas ... nervös. Johanna! Was ist los? Bitte ...«

Pause.

»Was hast du gestern gemacht?«

»Wie? Was, gemacht?«

»Nach der Arbeit?«

»Versteh ich jetzt nicht. *Nach* der Arbeit?«

»Ja, genau. NACH DER ARBEIT! Weißt du noch, das ist das, wofür du bezahlt wirst und wofür du täglich in dieses Dings gehst, in dieses: Büro!«

»Danke, ja, jetzt weiß ich wieder, was du meinst. Arbeit. Danke.«

Er schnauft und sagt nichts.

»Und?«

»Was und?«

»Sag mal, willst du mich verarschen? Wohin bist du nach der Arbeit gegangen?«

»Sag mal, spinnst du jetzt? Hast du mich ausspionieren lassen, oder was?«

»Hätte ich Grund dazu gehabt?«

»Nein. Nein, Blödsinn.«

»Dann sag's doch einfach.«

»Nach Hause!?«

»Oh. Du bist sofort nach der Arbeit *nach Hause* gegangen. Sofort?«

»Verdammt noch mal, hör mit diesem infantilen Verhör auf. Ja, ich bin nach der Arbeit SOFORT nach

Hause gekommen. Glaube ich jedenfalls. Hab aber keine Zwischenzeit genommen. Zufrieden?«

»Ja, klar. *Sehr* zufrieden. Du bist noch ein viel größerer Kretin als ich dachte. Geil wie ein Vieh und dann auch noch unehrlich. Du bist echt das Letzte.«

»Sag mal, spinnst du jetzt total ... Was soll das alles? Kriegst du deine Tage, oder was?«

Schweigen.

»Du bist gesehen worden, mein Schatz. Man hat dich gestern, nach der Arbeit gesehen. Und rate mal, wo.«

»Wer hat mich gesehen?«

»Unwichtig. Beantworte einfach meine Frage.«

»Keine Ahnung, worauf du hinauswillst.«

»Ach, echt nicht? Hm. Da habe ich dir ja großes Unrecht angetan. Du Ärmster.«

»Ach, Johanna, lass diesen Scheiß, wo hat man mich gesehen?«

»Dich? Dich hat man nirgendwo gesehen, mein Schatz. Aber diesen Typen, der ganz genauso aussieht wie du und der auch so einen lustigen braunen Anzug besitzt, genau wie der, den du gestern getragen hast, den hat man in so einen Massagesalon hineingehen sehen, der hieß *Magic Touch* oder so ähnlich. Was der wohl darin gemacht hat, dieser Typ?«

»Du spinnst doch total ...«

»Und dann ist dieser Typ vermutlich nach Hause gegangen, nachdem man ihm schön einen runtergeholt hat, und ist erst mal unter die Dusche gestiegen. Genau wie du gestern, Lennart. So ein Zufall.«

Schweigen.

»Wer hat mich angeblich gesehen?«

»Spielt keine Rolle, Lenni, Schatz. Irgendeiner, der sich gewundert hat, was mein Freund in so einem Bahnhof-Bums verloren hat.«

Schweigen.

»Johanna, können wir uns vielleicht treffen und in Ruhe über alles reden? Das hier ist doch entwürdigend.«

»Entwürdigend? Du kannst ja richtig komisch sein. Weißt du was, Lennart? *Fick dich, du Arschloch*!«

Sie legt, nein: Sie wirft auf.

Er wählt erneut.

Nach dem dritten Klingeln wird abgenommen.

»Vergiss es, Lennart. Sie will nicht mehr mit dir sprechen. Und das würde ich an ihrer Stelle auch nicht. Merkst du eigentlich noch was?«

»Halt die Luft an, du blöde Funzel, und gib mir Johanna!«

»Ja ja, dir auch noch einen schönen Abend.«

Sie legt auf.

Er wählt erneut.

Es klingelt mehrmals, dann springt der Anrufbeantworter an.

»Johanna, kannst du bitte noch mal ans Telefon gehen? Johanna. Bitte. Johanna? Ich würde dir das gern erklären, Johanna? Komm, reden können wir doch wenigstens noch einmal. Ich verspreche dir, dass ...

Der AB schaltet sich aus.

Er wählt erneut.

Es klingelt mehrmals, der Anrufbeantworter springt an.

»Johanna, bitte, geh doch bitte noch ein Mal an diesen verfluchten Apparat. Du kannst mir nicht einfach am Telefon sagen, dass du dich trennst und ich ausziehen soll, nicht schon wieder, das hatten wir doch alles schon. Das ist doch sinnlos so ...«

Der AB schaltet sich wieder aus.

Er wählt erneut.

Es klingelt, der AB geht an, wie gehabt.

»Okay. Ich war in diesem Massagesalon. Ich habe mir eine fette Blondine ausgesucht mit riesigen Titten, habe ihr 50 Euro gegeben, und sie hat mir einen geblasen, bis ich die Trompeten von Jericho gehört habe. Und es war geil, geil, g...«

Der AB schaltet sich aus.

Er wählt erneut.

Es klingelt.

»Verschon uns mit den schmierigen Details. Hör auf, hier anzurufen!«

»Gib sie mir!«

»Nein. Sie will nicht ...«

Geräusche. Hörerübergabe.

»Du perverser Drecksack, was willst du noch? Lass mich einfach in Ruhe ...«

»... du bist doch nur sauer, dass ...«

»... und zieh aus meiner Wohnung aus!«

»... wenigstens einer von uns beiden überhaupt noch Sex hat!«

»Lennart? Schnappst du jetzt total über? Ich soll neidisch darauf sein, dass du Sex mit Nutten hast?«

»Es sind Masseusen. Die machen keinen Verkehr.«

»Oh, wie anständig von denen ...«

»Frag dich doch lieber mal, wieso ich es nötig haben könnte, so einen Laden zu besuchen.«

»Du hast es nicht *nötig*. Du gehst freiwillig dahin, mein Lieber. Du hast dich dafür *entschieden*. Versuch nicht die Verantwortung auf irgendwen anders abzuwälzen.«

»Typische Antwort. Nicht auf *irgendwen* wälze ich *irgendwas* ab, DU bist gemeint. Du mit deinem selbstgerechten Projektions-Idyll von der perfekten Beziehung. Tolle Idylle, die uns deine säuerliche 60er-Jahre-Moral und dein beschissener Therapeut vorsetzen. Das kotzt mich an!«

»Frag mich mal, du … du …«

Schweigen.

»Ich bin ja sooo blöd! Ich hätte nie zu dir zurückkommen sollen. Wie blöd bin ich eigentlich?«

»Warum hast du's dann getan?«

»Was?«

»Wieder zu mir zurückkommen, wie du es nennst. Als ob's ein Akt der Gnade gewesen wäre. Als ob ich dich gerufen hätte.«

»Gewehrt hast du dich jedenfalls nicht. Mit dem Schwanz gewedelt hast du wie ein Pinscher, so war's doch. Aber ich frage mich schon seit Wochen, warum *ich* so blöd war. Seit Wochen. Genau. Das.«

»Ach. Und wieso erfahr ich das erst jetzt?«

»Weil … weil ich wohl noch keine druckreife Antwort darauf gefunden habe. Ich wusste es einfach nicht.«

»Das heißt, du weißt es jetzt?«

»Nein, *jetzt* weiß ich es umso weniger. Ich weiß nur sehr viel *besser*, dass es ein riesengroßer Fehler gewesen sein muss. Wir hätten es einfach gut sein lassen können.«

»Wenn es denn jemals gut gewesen wäre …«

»Ja, hau doch einfach noch mal drauf. Offenbar brauchst du das. Vielleicht bist du ja auch noch stolz darauf, dass du ein beziehungsunfähiges Schwein bist, das zu Nutten geht. Reicht ja nicht mal zu einer ordinären Affäre, nein, du musst auch noch dafür bezahlen. Alle Achtung.«

»Weißt du was, Johanna? Es fühlt sich viel weniger armselig an, sich von so einer Massageschlampe anfassen zu lassen, als jeden Abend nach Hause zu kommen und immer nur zurückgewiesen zu werden. Immer nur deine Mäkelei: Zu wenig Nähe lasse ich zu, zu viel Fernsehen schau ich, zu wenig los in meinem Leben, zu große Töne, die ich spucke. Es reicht einfach irgendwann.«

»Gleich fang ich an zu heulen. Du armer Mann.«

»Du hast keinen Grund, dich darüber lustig zu machen. Sag mir doch mal ehrlich, ganz ehrlich: Warum bist überhaupt wieder zu mir zurückgekommen? Versuch dich zu erinnern, falls das noch möglich ist. Sag's mir einfach!«

»Ich weiß es doch auch nicht. Ich dachte, wir würden uns wieder zusammenraufen.«

»Ach, mach dich nicht lächerlich. Zusammenraufen. Wir? Du *magst* mich ja nicht einmal sonderlich. Ich sag dir, warum du wieder angekrochen bist: Du warst nicht in der Lage, allein zu sein. Du kannst nichts mit dir anfangen, DAS ist es. Du langweilst dich mit dir selbst. Und für dein kleines, ödes Leben soll *ich* dann verantwortlich gemacht werden. Du brauchst einfach jemanden, dem du deine öde Existenz zum Vorwurf machen kannst.«

»Du bist so widerlich ...«

»Ein fetter, feuchter Schwamm bist du, der alles aufsaugt und selbst nichts gibt. Ein sozialer Parasit.«

»Ach, das ist interessant. Hast du das von deiner kleinen Nutte gelernt?«

»Nein, keine Angst, das ist mir selbst aufgefallen.«

»Und wieso hast du mich dann nicht an deinen Erkenntnissen teilhaben lassen, Massa?«

»Sarkasmus steht dir nicht.«

»Oh, entschuldige. Ich werde mich bemühen, nur noch einfache, verständliche Sätze zu bilden: Verschwinde-aus-meinem-Leben! Schnell!« Sie legt auf.

Er wählt erneut. Doch bevor die Verbindung steht, legt er wieder auf. Er greift nach seiner Jacke und verlässt die Wohnung. Zehn Minuten später steht er vor einem großen roten Klinkerhaus. Mindestens acht Parteien. Er klingelt. Die Sprechanlage knarzt, dann meldet sich eine Stimme.

»Hallo?«

»Petra? Ich bin's.«

»Wer?«

»ICH BIN'S! Lennart.«

Pause.

»Lennart?«

»Ja.«

»Warte einen Moment.«

In der Sprechanlage knarzt es wieder.

»Lennart? Verschwinde. Ich will dich nicht sehen, ich will nicht mit dir sprechen, ich will gar nichts mehr von dir.«

»Johanna, bitte, ich bitte dich, nur ein paar Minuten. Wir können uns nicht *so* trennen. Das macht keinen Sinn. Lass uns wenigstens noch einmal reden.«

»Wir haben geredet. Viel zu viel. Ich habe keine Lust mehr, ich kann nicht mehr weiter. Geh einfach.«

»Wegen dieser Massage-Nummer? Das ist absurd, das ist albern ...«

»Nein, es ist nicht nur wegen dieser ›Massage-Nummer‹, wie du es nennst. Hübsche Formulierung übrigens, Respekt. Aber darum geht es nicht wirklich. Das zeigt nur, wie weit wir schon gekommen sind. Es ist der berühmte Tropfen ...«

»Worum geht es dir dann? Willst du mir eine Lektion erteilen, ist das wieder eines deiner hysterischen Spielchen?«

»Ach, Lennart. Worum soll es schon gehen? Ich weiß es nicht. Du machst mein Leben nicht schöner. Und das sollte doch so sein. Du machst mein Leben nicht schöner, wenn du morgens aufstehst und dir auf Socken einen Kaffee machst, ohne mit mir zu reden oder mir auch einen ans Bett zu bringen. Du machst mein Leben nicht schöner, indem du grußlos das Haus verlässt, ohne mich in den Arm zu nehmen. Du rufst mich den ganzen Tag nicht an, und abends, wenn du nach Hause kommst, ist es dir egal, ob wir essen gehen oder ob noch irgendwas im Kühlschrank ist, es ist dir egal, was ich den Tag über getrieben habe, es ist dir EGAL, ob ich vielleicht das Bedürfnis habe, mit dir zu sprechen, es ist dir sogar SCHEISSEGAL, ob ich den Tag damit verbracht habe, den Hausmeister zu vögeln oder im Nachthemd auf dem Wochenmarkt rumzuirren. Ich bin dir egal.«

»Das stimmt nicht. Johanna, das stimmt nicht.«

»Ach, hör schon auf.«

»Johanna, lass mich rauf, bitte.«

»Nein.«

»Bitte. Die Frau aus der Parterre-Wohnung steht schon seit fünf Minuten am Fenster und hört zu.«

»Soll sie doch. Beschämt dich das etwa?«

»Ja, allerdings.«

»Ach, das ist ja lustig. Da schämt er sich plötzlich, der Nuttenfreier ...«

»Johanna, kannst du bitte endlich mit dieser Nuttenscheiße aufhören. Lass uns reden wie zwei erwachsene Menschen.«

»Oh, das wäre in der Tat was Neues.«

»Ich entschuldige mich für den Schwamm.«

»Keine Ursache.«

Schweigen.

»Kann ich jetzt abschalten? Gehst du jetzt bitte?«

»Nein.«

Die Gegensprechanlage knarzt, dann ist es still.

»Johanna? Johanna?!«

Stille.

Er klingelt. Keine Reaktion. Er klingelt noch einmal, hält den Finger bestimmt zehn Sekunden auf dem Klingelknopf. Keine Reaktion.

Mit der flachen Hand drückt er gleichzeitig auf fünf oder sechs Klingelknöpfe und wartet. Fünf Sekunden später rauscht es einige Male in der Sprechanlage. »Hallo?« ... »Wer ist da?«, fragen mehrere Stimmen. Er sagt nichts, plötzlich geht der Summer. Er drückt gegen die Tür und tritt ein. Zielstrebig geht er die Treppe hoch, hinauf in den zweiten Stock, wendet sich nach rechts. Auf dem Türschild steht: Petra Lantin. Er klingelt. Keine Reaktion. Er schlägt mit der Faust gegen die Tür. Ein Mal, zwei Mal.

»Verschwinde! Lennart, wenn du nicht sofort verschwindest, rufe ich den Hausmeister!«

»Ist das der Typ, den du immer Räuber Hotzenplotz nennst, weil er immer die Sonntagszeitungen aus dem

Briefkasten klaut? Vielleicht frag ich den mal, ob dein Verdacht berechtigt ist, was meinst du?«

»Lennart, du bist so ein Wichser!«

»Ja, danke, ich schick dir bei Gelegenheit ein Polaroid, wenn dich das so sehr beschäftigt. Aber hol bitte Johanna mal, oder lass mich rein!«

»Du kommst hier nicht rein. Auf keinen Fall.«

»Dann hol sie endlich.«

»Ich stehe hier schon, du Blödmann. Man hört dich im ganzen Haus.«

»Dann lass mich doch rein, dann können wir das alles in Ruhe besprechen.«

»Es gibt nichts mehr zu besprechen. Ich will diese Beziehung nicht mehr, ich will dich nicht mehr, und ich will keine weiteren Magengeschwüre. Hörst du mich? Ich will nur noch meine Ruhe. Oder wie du es ausgedrückt hast: Ich will mich in meinem kleinen Leben nur noch mit mir selbst langweilen.«

»Mensch, Johanna, das habe ich nicht so gemeint. Bitte entschuldige ... ich weiß auch nicht ... ich hab jetzt einfach Angst.«

»Angst wovor?«

»Dich ... nicht mehr ... dich zu verlieren.«

»Ach Lennart. Das glaubst du doch selbst nicht.«

»Kannst du nicht mal wenigstens die Tür aufmachen?«

»Ich lass dich hier nicht rein.«

»Dann mach wenigstens die Tür auf, nur ein bisschen.«

»Wozu sollte das gut sein?«

»Ich will dir wenigstens ein Mal in die Augen sehen und spüren, dass du es ernst meinst. Bitte.«

Schweigen.

Ein Schlüssel wird im Schloss herumgedreht. Die Tür geht einen Spalt weit auf. Die Türkette spannt sich. Mehr als vielleicht fünf Zentimeter öffnet sich die Tür nicht.

»So, jetzt siehst du mich. Und es bleibt dabei: Ich will nicht mehr. Keine Chance!«

Johanna sieht Lennart an. Lennart sieht Johanna an. Er versucht, durch den Türspalt nach ihrer Hand zu greifen.

Sie weicht einen halben Meter zurück. »Lass das, Lennart. Das macht keinen Sinn, erspar uns das.«

»Es ist absurd. Gestern war alles in Ordnung, dann komme ich eine Stunde später nach Haus und du erfindest eine aberwitzige Geschichte. Das ist doch krank. Brauchst du einen Vorwand, um mich loszuwerden? Hast du jemanden kennen gelernt? Johanna! Wir haben jetzt so lange darum gekämpft, das alles hinzukriegen. Du kannst nicht ...«

»Doch Lennart, ich kann. Und vor allem: Ich will. Ich bin ganz sicher. Ich schätze, ich bin zum ersten Mal ganz sicher. Uns verbindet nichts mehr, nicht mal mehr die Hoffnung darauf, dass wir eines Tages wirklich ein gemeinsames Ziel haben. Nein. Schluss.«

Pause. Dann fährt sie fort, leiser. »Was verbindet uns denn noch? Sag's schon.«

Schweigen.

»Ich weiß nicht, mir fallen nur blöde Sachen ein. Wir finden beide Robbie Williams gut, wir mögen Kinder, wir hassen den FC Bayern und würden gern mal gemeinsam nach Alaska ...«

Er schweigt.

Sie schaut ihn an, fast mitleidig.

»Ziemlich klägliche Aufzählung, findest du nicht? Es reicht nicht, auf Robbie Williams zu stehen und den Bayern die Pest an den Hals zu wünschen, Lennart. Das ist nicht unbedingt die Basis, die ich für eine Familiengründung ins Auge gefasst habe, wenn ich ehrlich bin.«

»Was soll ich denn sagen? Willst du Pathos?«

»Nein. Ich hätte mehr auf Gefühle gesetzt, Lennart. Ich hätte gern mal von dir gehört, was du für mich *empfindest*. Und das auch gespürt. Aber jetzt nicht mehr. Das ist vorbei, einfach weg.«

»Was soll das heißen, weg?«

»Weg eben. Einfach weg. Weg ist *weg*.«

»Seit gestern also: weg? Ohne dass ich was dazu getan hätte?«

»Na ja, du hast was dazu getan. Aber das hätte nicht gereicht, Lennart. Es hat nur dazu geführt, dass ich mir ein paar Fragen gestellt habe, vor denen ich in den letzten Wochen davongerannt bin.«

»Dabei treibst du doch gar keinen Sport.«

»Witzig!«

»So bin ich halt.«

»Genau ...«

Schweigen.

»Johanna?«

»Ja?«

»Kann ich dich was fragen, und du versprichst, ganz ehrlich zu antworten?«

»In Ordnung.«

»Schaust du mir in die Augen dabei?«

»Ach, Lenni, sei doch nicht so melodramatisch, das passt nicht zu dir.«

»Ich bin nicht *melodramatisch*, ich will es nur genau wissen, ganz sicher.«

»Na gut, dann wirst du erfahren, was immer du erfahren willst, *ganz sicher* …«

Sie rückt wieder näher an den Türspalt heran.

Auch Lennart steht so nah wie möglich an der Tür, fixiert Johanna ein paar Sekunden, sie schauen sich an, keiner will den Blick abwenden.

»Liebst du mich?«

Johanna hält dem Blick nicht stand, sie senkt den Kopf, bleibt zwei oder drei Sekunden in dieser Haltung. Dann spannt sich ihr Körper erneut, sie hebt den Kopf.

»Nein, Lennart, ich fürchte, ich liebe dich nicht mehr.« Sie schauen sich an, ziemlich lange. Die Atmosphäre verändert sich merklich.

Ihre Augen füllen sich mit Tränen, und beide wissen, dass das jetzt gerade keine sonderlich originelle Situation ist.

»Ziemlich kitschig, oder?«, fragt Lennart und lacht leise.

»Ja, darin waren wir immer schon grandios.«

Auch Johanna lacht, und dann weint sie, dann lacht sie wieder darüber, dass sie weinen muss, woraufhin Lennart nach ihrer Hand greift, die sie nicht zurückzieht. Lennart nimmt ihre Hand, schließt die Augen und küsst die Fingerkuppen, nur ganz kurz.

Dann lässt er ihre Hand wieder los, tritt etwas zurück und sagt:

»Das war's dann wohl.«

Johanna nickt.

»Danke.«

»Wofür?«

»Dass du nicht sagst, dass es besser für uns beide ist und dass wir Freunde bleiben und so etwas.«

»Wieso sollten wir Freunde bleiben? Wir mögen uns doch nicht mal besonders.«

»Das haben wir aber echt früh rausgefunden ...«

Beide lachen. Dann dreht Lennart sich weg.

»Ich geh dann mal. Meldest du dich, wenn du in die Wohnung willst?«

»Ja klar. Und lass dir Zeit. Ich kann so lange bei Petra wohnen, wie ich will. Genug Platz ist hier ja.«

»Und die Nachbarn werden dich auch sicher lieben, wenn du ihnen weiter so ein aufregendes Unterhaltungsprogramm bietest.«

Beide lachen.

Lennart wendet sich ab, ist schon fast auf der Treppe, da dreht er sich noch einmal um.

»Übrigens, Johanna ...«

»Ja?«

»Peer hat mich gestern von der Arbeit abgeholt. Wir waren kurz im *Geyer*. Annika hat die Bar gemacht. Nur für den Fall, dass du das nachprüfen willst. Ich war nicht mal in der Nähe des Hauptbahnhofs – und um sieben zu Hause. Vielleicht erinnerst du dich ja ...«

Schweigen.

»Aber ich weiß ja, dass das nichts ändert. Wollte ich nur loswerden. Bis dann.«

Lennart verschwindet im Treppenhaus.

Die Sicherungskette der Tür wird entriegelt, die Tür geht auf, Johanna läuft an den Treppenabsatz, beugt sich hinunter und ruft: »Lennart!«

»Ja?«

»Danke!«

Lennart stoppt, dreht sich noch einmal in das Treppengeländer hinein, lacht und ruft:

»Da nicht für!«

Regentage, meistens sonnig

Der Auszug der Gladiatoren

»Ich bin eine wunderbare Haushälterin. Jedes Mal, wenn ich einen Mann verlasse, behalte ich sein Haus.«
Zsa Zsa Gabor

Wenn das Leben ein bisschen mehr Taktgefühl hätte, würde es an diesen Tagen regnen. Aber das Leben pfeift drauf. Mit der regelmäßigen Unerbittlichkeit, mit der es Gartenfeste einnässt, schickt es stets die Sonne an die Front, wenn ein Paar nach langer, schwerer Beziehung seine Trennung schließlich auch formal vollendet. Der Tag, an dem Wohnungen aufgelöst werden oder einer von beiden seine Utensilien aus der gemeinsamen Bleibe schleppt, sind nur schwer erträglich. An diesen Tagen sind *beide* traurig, selbst wenn sie den Termin schon lange herbeigesehnt haben. Der Möbelwagen vor der Tür – meistens ist es nur ein geliehener Transporter von Sixt, auf dem ein paar Freunde oder gemietete Nichtsnutze vom Studentenwerk herumlungern – besiegelt die Niederlage endgültig, die beide erlitten haben. Nur die ganz Harten stehen solche Tage durch, ohne melancholisch zu werden.

Dabei spielt es keine Rolle, wie viel Zeit zwischen

dem Entschluss, sich zu trennen, und dem materiellen Vollzug dieser Entscheidung vergangen ist. Letztlich bleibt es immer gleich schlimm. Erst zu diesem Zeitpunkt wird vielen die Unabänderlichkeit der bis dahin eher abstrakten Trennungsentscheidung mit all ihren Konsequenzen bewusst.

Das liegt an einem ganz merkwürdigen Phänomen: Nennen wir es den *friedvollen Übergang*. Der friedvolle Übergang markiert den Zeitraum, der zwischen dem Satz »Es ist wohl wirklich das Beste, wenn wir uns trennen« und dem Eintreffen der Umzugskolonne vor der Wohnungstür liegt. Während dieser Zeit ruhen die Gefechte zwischen den beiden Expartnern. Es gibt keinen Grund mehr, sich zu streiten: Die Zeit ist um, alle Fragen offen ...

Da aber beide Akteure nicht nur ein Leben geteilt haben, was sich ja relativ leicht wieder auseinander dividieren ließe, sondern auch eine Dreizimmeraltbauwohnung mit hohen Decken und einem Südbalkon, ist so eine Trennung zuweilen eine recht zähe Angelegenheit. Erst einmal muss die Frage geklärt werden, wer die Wohnung behält. In der Regel ist das der oder die Glückliche, der oder die den besser bezahlten Job hat, also hierzulande: meistens er. Aber das soll hier keine Rolle spielen. Wem die Vorstellung hilft, dass in diesem Buch auch bei den Klischees eine Quote eingeführt würde, der darf sich an dieser Stelle gern einbilden, dass die Frau bleibt und *er* sich auf die Suche macht. Die Regel ist das nicht – jedenfalls nicht in der Welt, in der ich lebe.

Sie geht also los und besorgt sich alle gängigen Zeitungen mit Immobilienanzeigen und hängt überall dort Zettel mit munteren Texten auf, wo potenzielle Vermieter zu erwarten sind. Im Studentenwerk zum Beispiel, in Bars und Kneipen, sogar in Sport- und Sonnenstudios. Leider ist so eine Wohnungssuche kein unkompliziertes Vergnügen. In den meisten Städten ist es leichter, ein Grundstudium in Astrophysik zu meistern, als eine bezahlbare, nette Wohnung zu finden. Vom finalen Trennungsgespräch bis zu dem Tag, an dem dann endlich ein neuer Mietvertrag unterschrieben werden kann, vergehen in der Regel zwei bis drei Monate. Und das ist noch optimistisch geschätzt. Eine lange Zeit. Meistens eine *zu* lange Zeit, um auf Mitgefühl und Gastfreundschaft der Sippe und guter Freunde zu setzen. Die Alternative wäre ein Übergangs-WG-Zimmer oder sogar eine Dachkammer in einem trostlosen Hotel – macht aber aus unterschiedlichen Gründen depressiv und ist außerdem ganz schön teuer. Diese missliche Situation ist am Ende verantwortlich für das bereits erwähnte Phänomen des friedvollen Übergangs: Nach den ersten zwei, drei Wochen, in denen der akute Trennungsschmerz auf jeden Fall bei größtmöglicher Distanz vom Expartner zelebriert werden sollte, kehren die Täter immer wieder an den Schauplatz ihrer zwischenmenschlichen Vergehen zurück. Mit einem mulmigen Gefühl in der Magensenke zwar, jedoch auch trotzig, stehen sie wieder vor der eigenen Wohnungstür und teilen dem Zurückgebliebenen mit: »Du, Exschatz, es macht dir doch nichts aus, dass ich für die nächsten Wochen hier wohnen bleibe? Schließlich zahle ich ja auch noch weiter Miete, und wir sind doch zivilisierte Menschen …«

Meistens ist das keine gute Idee. Doch finanzielle Abwägungen und eine gewisse Faszination an morbiden Szenarien (»Let's get excited!«) bringt Menschen immer wieder dazu, sich solchen sozialen Grenzsituationen auszusetzen. Manchmal sind sie von großem komödiantischen Wert. Meistens aber wünscht man sie nicht mal seinem ärgsten Feind.

Eine Zweck-WG auf Zeit dürfte sich für frisch getrennte Paare so verstörend anfühlen, wie bei einer Staffel *Big Brother* im Container mitzumachen. Es sieht aus wie ganz gewöhnliches Wohnen, aber in Wahrheit ist es eine Art Überleben auf Alcatraz. Nur ohne Alex Bechtel, und rausgewählt wird man auch leider nicht. Eine merkwürdige, surreale Situation: Alle Schlachten sind geschlagen. Und im Bewusstsein, dass es jetzt ohnehin nicht mehr darauf ankommt, finden viele Paare, die sich monatelang gestritten haben wie die Kesselflicker, von einem Tag auf den anderen zu einem höflichen, ja geradezu vertrauensvollen Umgangston zurück. Das ist schon irritierend. Plötzlich ist es wieder möglich, sich guten Morgen zu wünschen, wenn man aus unterschiedlichen Zimmern ins Badezimmer trabt und bei der Gelegenheit auch noch verstört zur Kenntnis nehmen muss, dass der Expartner im knappen Nachtfummel doch deutlich erotischer erscheint, als man das noch vor Wochen für möglich gehalten hätte. Und da niemand sieben Tage in der Woche ausgeht, kommt es auch abends immer wieder zu Situationen, die weniger standfeste Entscheider in echte Gewissensnöte stürzen: Ist es okay, sich von ihm Tee servieren zu lassen, wenn er ohnehin schon mal dabei ist? Und ist es okay, sich neben sie zu setzen und sich mit ihr zum fünften Mal *Notting Hill* oder *Vier Hochzeiten und ein Todesfall* anzuschauen – so wie früher, schön gemütlich auf dem Wohlfühl-Sofa? Die Grenzwälle weichen in diesen Situationen langsam auf, und nicht selten sind im Anschluss an solch einen harmlosen Abend auch wieder vertraute Gespräche möglich, die man früher so geschätzt hat – in der Kreidezeit der Exbeziehung. Da kann es schon mal passieren, dass man im Überschwang der wiederaufbereiteten Emotionen versehentlich die letzte Ausfahrt verpasst und noch einmal in einem Bett landet, in das man nun wirklich nicht mehr gehört. Komischerweise ist Sex mit dem Expartner ein immer wieder in allen Variationen beliebtes Thema in Frauenmagazinen, offenbar also nicht *so* selten. Liegt wohl dran, dass der Sex von und mit zwei Menschen, die sich gut kennen und die jeweiligen Knöpfe perfekt bedienen können, ohne gleichzeitig von alltäglichen Beziehungsdramen sediert zu werden, sehr spannend sein kann.

Natürlich ändern solche spontanen Wiedervereinigungen gar nichts. Das wird am nächsten Tag deutlich, wenn sich beide verlegen aus den Laken winden und zukünftig frostig und verkrampft darauf achten, auf keinen Fall weitere Grenzverletzungen zu riskieren. Schließlich soll ja nicht der Eindruck entstehen, man sei wankelmütig geworden, nur weil man noch einmal etwas Körperflüssigkeiten ausgetauscht hat. Beide ahnen, dass die grandiose erotische Qualität dieser einen Nacht nur ein exklusiver Ausrutscher war.

Selbstverständlich sind längst nicht alle Paare in der Lage, nach ihrer Trennung zivilisiert miteinander umzugehen und noch ein paar Wochen in einer gemeinsamen Wohnung zu leben, ohne sich bis aufs Messer zu bekämpfen. Stichwort Rosenkrieg … Bei einigen der Betroffenen hat man den Eindruck, dass sie es schon als Unverschämtheit auffassen, dass sich der Expartner im gleichen Land aufhält. Das führt auf 50 Quadratmetern zuweilen zu sehr unerfreulichen Begegnungen, die geprägt sind von lauten Wortwechseln, absurden Grenzkämpfen und einer Atmosphäre, die man so bisher nur aus russischen Gefangenenlagern kannte. Zugegeben – es kommt selten vor, dass er sich in die Küche schleicht und auf den Fisch pinkelt, den sie gerade für ein paar Freunde zubereitet. Doch einige der Garstigkeiten, die sich Michael Douglas und Kathleen Turner im *Rosenkrieg* antun, werden im realen Leben von Lieschen Müller und Frieder Schlünz eifrig nachgestellt. Da kann es beispielsweise passieren, dass er die neue Freundin – oder das, was er dafür hält – leicht bekleidet in der offenen Küche präsentiert und beim GV in der Nacht die Schlafzimmertür offen lässt, damit interessierte Zuhörer sich einen detaillierten Eindruck davon machen können, was er Neues gelernt hat. Es ist auch schon vorgekommen, dass zwei Menschen einen ausgefuchsten Stundenplan entwickeln, der penibel auflistet, wann wer Küche, Bad und Wohnzimmer betreten darf. So könnte eine Wohnung theoretisch von mehreren Menschen bevölkert sein, ohne dass sich die Bewohner je über den Weg laufen – einige Monate lang. Leere Joghurtbecher und hinterlassene Haare in der Dusche sind die einzigen Zeugen, dass es in diesem kleinen Universum auch anderes organisches Leben zu geben scheint. Das klingt zwar einigermaßen krank, aber es dürfte bei einigen Paaren immer noch als Qualitätsverbesserung ihrer Beziehung durchgehen.

Doch wenn ich den Erzählungen meiner Freunde und Bekannten glauben darf und meine Erfahrungen mit dem sozialen Sondermüll gescheiterter Beziehungen bedenke, habe ich den Eindruck, dass diese unerbittlichen, von keinem Sanftmut beseelten Paare deutlich in der Minderzahl sind. Es scheint so, als hätten die langen, vorausgegangenen Kämpfe die meisten Beziehungsprobanden so ausgehöhlt, dass alle negativen Energien verpufft sind. Man versucht nur noch, möglichst in Würde und ohne neue Blessuren über die Runden zu kommen und sich neu zu programmieren. Schwierig genug. Und vielleicht sogar auch ein Grund, weshalb viele Paare es eigentlich ganz okay finden, dass der Übergang zwischen fester Partnerschaft und vogelfreiem Singlestatus nicht ganz so abrupt vollzogen wird.

Plötzlich aber ist er da, der Tag, an dem die Sonne scheint. Eine der letzten wirklich großen Prüfungen im Leben. Aus mehreren Gründen. Wenn Sie mich fragen: Ich würde dringend empfehlen, an diesem Tag zu flüchten. Falls Sie es sind, der eines Tages in der gemeinsamen Wohnung zurückbleiben sollte, dann achten Sie darauf, nicht zu Hause zu sein, wenn der Möbelwagen Ihres Partners anrollt. Verschwinden Sie in ein anderes Land, mindestens aber so weit weg, dass Ihnen nicht in der letzten Sekunde einfällt, dass Sie zu Hause was vergessen haben könnten. Bleiben Sie weg. Andernfalls wird es Ihnen das Herz zerreißen. Ja, ernsthaft: Glauben Sie nicht, Sie könnten das ab. Können Sie nicht. So ein Tag wird Ihnen sehr, sehr deutlich machen, dass Sie a. ein unglaublicher Romantiker sind und/oder b. ein kleinkarierter Spießer. Wahrscheinlich sogar beides, und das ist deutlich zu viel. Bleiben Sie weg. Es ist nur zu Ihrem Besten.

Sie wollten nicht hören? Selbst schuld.

Es beginnt damit, dass Ihr Expartner ausgerechnet heute, an Ihrem letzten gemeinsamen Tag, extrem gut aussieht. Das scheint ein Naturgesetz zu sein – ehemalige Liebschaften sehen in grenzwertigen sozialen Situationen immer aus, als seien sie für ein Fotoshooting in der *Vogue* herausgeputzt worden: *Lars steht da am Geländer und sieht aus wie Lars in viel, viel schöner. Ich umarme ihn wie früher, und er umarmt mich, als sei ich neunzig.* (Mariana Leky, *Liebesperlen*)

Ihnen wird blitzartig klar, dass Sie so einen attraktiven, unwiderstehlichen Menschen wohl niemals wieder finden werden, und das allein sorgt auf der Stelle für eine ausgewachsene Depression. Ihr Expartner fühlt sich ebenfalls nicht wohl in seiner Haut. Schließlich ist er in dieser speziellen Situation der böse Eindringling. Er hat das Gefühl, dass er etwas Verbotenes, zumindest aber *sehr* Geschmacksneutrales tut. Er *zerstört* das gemeinsame Zuhause, indem er Stühle, Bilder und viele andere Insignien der zurückliegenden Lebensgemeinschaft in die Zeitung der letzten Woche einschlägt und in Kartons verpackt. Da hilft es auch nichts, dass hier alles mit rechten Dingen zugeht und seit Wochen genau so abgesprochen ist.

Es dauert keine 30 Minuten, und schon sind die

ersten Krater in eine bis vor kurzem noch gemütliche Wohnlandschaft geschlagen. Sie sehen diesem Treiben sprachlos zu, lehnen dabei auf der Kante des Wohnzimmertisches und werden mit jeder Minute angespannter. Natürlich verhalten Sie sich kooperativ, auch als die Waschmaschine von der Wand abgenabelt wird und der Bauhaus-Stuhl aus dem Esszimmer daran glauben muss, jaulen Sie innerlich nur kurz auf. Sie führen einen einsamen Kampf in diesem Moment, Sie hoffen wirklich ganz inbrünstig, dass Sie ihn gewinnen werden, doch es ist hoffnungslos. Sie haben keine Chance. »DAS Kissen bleibt aber hier!«, werden Sie sich plötzlich brüllen hören, »Da hab ICH doch immer drauf gesessen!« Gerade noch haben Sie klaglos in Kauf genommen, dass der Thorens-Plattenspieler ausgestöpselt und in einen Karton verpackt wurde, und Sie dachten vielleicht, das Schlimmste sei überstanden. Da kommt so ein wertloses, kleines, blödes Kissen und Sie verlieren die Fassung.

»Das Kissen bleibt hier. Basta!«

»Hey, beruhige dich. Es stimmt, du hast immer auf diesem Kissen gesessen«, sagt sie nun, und sie bemüht sich sichtlich, ganz ruhig zu bleiben, »aber vielleicht erinnerst du dich. Meine Schwester hat's mir geschenkt, als sie aus Marokko zurückkam. Ich würde es dir ja gern lassen, aber dann ist *sie* sauer!«

Sie haben jetzt noch eine kleine Chance. Treten Sie einen Meter zurück, oder schauen Sie sich das Geschehen meinetwegen aus einer Höhe von drei Metern aus der Vogelperspektive an, und atmen Sie ruhig ein und aus. Dann denken Sie: Nein, diesen Streit, dieses unwürdige Spektakel, *das* werde ich jetzt nicht zulassen. Dann sprechen Sie ganz langsam und betont friedfertig: »Ach ja, das hatte ich vergessen, entschuldige. Ich schau dann mal, wo ich auch so ein schönes Kissen finden könnte.« Falls Sie dazu in der Lage sind, dann beglückwünsche ich Sie zu Ihrem Großmut. Sie gehören zu den geschätzten fünf Prozent der Weltbevölkerung, für die Selbstbeherrschung kein Fremdwort zu sein scheint.

Allerdings fürchte ich, dass Ihnen Selbstbeherrschung und Großmut in diesem Moment mit Verlaub am Arsch vorbeigehen werden. Deshalb entscheiden Sie sich für einen anderen Text: »Du raffgierige Schnepfe, kannst du mir nicht mal dieses schmuddelige Kissen lassen, wo du sonst schon alles aus meiner Wohnung schleppst, was ich nicht festgenagelt habe.« Sie haben sich inzwischen eine sehr ungesunde Hautfarbe zugelegt und hüpfen auf und ab wie ein Viva-DJ auf Yogi-Tee.

»Ich nehme nur *meine* Sachen mit, mein Lieber«, antwortet sie, und ihre Ausgeglichenheit und Ruhe ist spürbar nur noch brüchige Fassade. Je nach Temperament wird sie im nächsten Augenblick entweder brüllen oder heulen. »Nur deine Sachen?«, kommen Sie ihr in der brüllenden Variante zuvor. »NUR DEINE SACHEN?« Und dann zerren sie wütend an einem Pappkarton mit Küchensachen herum: »Und was ist *das* hier, WAS IST DAS?« Sie halten einen Pürierstab in Ihren Händen, und zwar hoch über Ihrem Kopf, so als ständen Sie auf dem Marienplatz in München und würden einer johlenden Menge den DFB-Pokal präsentieren: »Den hast DU mir geschenkt!«

Sie atmet tief durch, dann sagt sie mit leiser, resignierter Stimme: »Du weißt doch nicht mal, was das ist. Aber du kannst den Pürierstab natürlich gern behalten. Er gehört dir. Entschuldige bitte.«

Sie bückt sich und wühlt in dem inzwischen ziemlich durcheinander geratenen Karton. Dann zieht sie einen Flaschenöffner in Kartoffelform aus der Kiste und fragt: »Ich glaube, der ist auch von dir. Nicht, dass du glaubst, ich wollte dich ausrauben ...«

Sie schämen sich inzwischen und antworten: »Ach was, den kannst du behalten.«

»Nein, ich will ihn nicht.«

»Doch, nimm ihn mit, den kannst du gern haben. Mach bitte kein Drama daraus.«

»Drama? Ich? WER inszeniert denn hier das Drama ...«

Dieser unfrohe Dialog setzt sich nun einige Minuten fort, bis beide Parteien wieder emotional ausbalanciert sind und ihre alten Positionen einnehmen können. Sie lehnen wieder wortlos am Esszimmertisch, bis er Ihnen buchstäblich unter dem Hintern weggezogen wird – ist nämlich auch Ihrer ... Sie dirigiert das Räumkommando, das sich während der Auseinandersetzung peinlich berührt in den Nebenraum zurückgezogen hatte. Nach einer kurzen Zeit für die Menschheit, aber einer kleinen Ewigkeit für die Betroffenen, ist der Spuk vorbei. Die letzte Grünpflanze hat das Fensterbrett verlassen, wie zum Hohn steht dort nur noch ein kleiner, grüner Kaktus in einem roten, schlierigen Plastiktopf. Kein schönes Bild. Das Räumkommando macht sich unten auf der Straße am LKW zu schaffen, der Motor ist schon gestartet, Sie haben sich bereits abgewandt, um in Ruhe zu trauern, da kommt sie noch einmal hoch.

»Hätte ich fast vergessen«, sagt sie und lässt den Haustürschlüssel an einer Kordel baumeln, »den brauche ich ja wohl nicht mehr.«

Sie schlucken. »Na ja«, antworten Sie leise, und Sie wissen schon, dass Sie sich zehn Sekunden später dafür hassen werden, »behalt ihn doch erst mal. Wer weiß ...«

Sie schaut wie ein geblendeter Feldhase auf der Landstraße, und spätestens jetzt werden ihre Augen glasig. Dann werden Sie plötzlich in den Arm genommen und gedrückt, und Sie drücken so fest zurück, wie Sie können. Sehr fest. Nach etwa zehn Sekunden macht sie sich los, schiebt die struppigen Haare hinter die Ohren und sich selbst aus dem Hausflur. Kein weiteres Wort. Sie rennt die Treppe hinunter, und Sie könnten schwören, dass ihre Schultern zucken. »Sollen wir mal telefonieren?«, rufen Sie ihr noch hinterher, doch die Haustür klappt bereits hinter ihr zu. Sie rutschen am Türstock hinunter auf den Boden und bleiben in dieser Haltung, eine halbe Stunde bestimmt. Die Wohnung sieht aus wie ein zerrupftes Gefieder. Und draußen scheint natürlich immer noch die Sonne.

Phantomschmerzen

Es ist erst vorbei, wenn es vorbei ist …

»Und dann wird es schlimm, es drückt hinten und vorne, und ich rufe Lars an, ein letztes Mal, und ich hoffe, dass er nicht da ist, und dann ist er nicht da.«
Mariana Leky, *Liebesperlen*

Es kommt vor, dass mein Freund Lennart unvermittelt aufschreckt: »Also ich finde den neuen Jaguar gar nicht so schlecht!«, raunzt er dann zum Beispiel ganz vorwurfsvoll und schaut mich an, als hätte ich ihm Prügel angedroht, weil er das auch nur zu denken wagt. Oder er sagt Sachen wie: »Ich *mag* aber Hosen mit Schlag«, alternativ: »Prinzipiell ist gegen die Reformierung des deutschen Schulsystems doch üb-ber-haupt nichts einzuwenden.« Anschließend zieht er die Schulterblätter hoch und wappnet sich gegen meinen wütenden Angriff, den er nun offenbar zu erwarten scheint. Mich hat das in den ersten Wochen wirklich irritiert, doch inzwischen kann ich ganz gut damit umgehen. »Lenni«, sag ich dann, »bleib ganz ruhig: Das ist ein freies Land hier. Du kannst Jaguar fahren, Hosen mit Schlag tragen und deine Kinder auf die Waldorfschule schicken. Niemand wird dich dafür beschimpfen oder bestrafen, glaub mir.«

Lennart schaut mich dann immer an, als ob ich ihn gerade aus seinen bösen Träumen gerissen hätte. Dann grinst er zufrieden und sagt: »Ich wollte es nur noch mal hören. Sichergehen, weißt du.« Ich weiß. Und ich weiß auch, was jetzt folgt. Doch ich bin Lennarts Freund und stehe zur Verfügung, wenn ihn seine Phantomschmerzen quälen. Unter denen leidet der Mann wirklich sehr. Die Trennung von Johanna liegt jetzt schon vier Monate zurück, vor mehr als sechs Wochen ist sie aus der gemeinsamen Wohnung ausgezogen. Offenbar hat Lennarts zentrales Nervensystem diese radikale Veränderung seines Bezugssystems noch nicht vollständig verarbeitet. Es klingt pervers, doch er scheint den ständigen Frust, den Streit und den Ärger, den die Kämpfe mit seiner Exfreundin ihm über so lange Zeit beschert hatten, wirklich zu vermissen. So wie eine Labormaus ihre täglichen Elektroschocks. Ständig befindet sich der geplagte Neu-Single im inneren Dialog mit seiner Ex, und ich versichere Ihnen: Meistens hat er keine Chance gegen sie …

»Johanna hat Schlaghosen gehasst! Total. Die ist echt nicht mit mir vor die Tür gegangen, als ich mal die braune Diesel-Cordhose getragen habe. Dabei ist das gar keine Schlaghose, die ist nur bei der Reinigung in die Bügelpresse geraten.« Lennart seufzt. »Die blöde Kuh! Ich *mag* Hosen mit Schlag!«

Ich pflichte ihm bei, was soll ich auch anderes tun? Ich weiß, dass seine braune Cordhose immer noch im Schrank hängt und er es einfach nicht übers Herz bringt, sie zu tragen. Aber man sollte ihn besser nicht darauf ansprechen. Offiziell ist er über Johanna nämlich hinweg. »Die ist mir so was von gleichgültig«, teilt er jedem stündlich mehrmals und unaufgefordert mit, der sich in seiner Nähe aufhält. Er klingt wie eine durchgeknallte Radiostation: »Hallo, hallo, hier spricht wieder das Freie Senderkombinat Lennart, ich begrüße Sie zur aktuellen Hitparade und ja: Sie ist mir so was von gleichgültig ...!!!«

Verstehen Sie mich nicht falsch. Ich nehme nicht an, dass Lennart seine Ex-Johanna wirklich zurückhaben möchte. Ach was: Ich *weiß*, dass dem nicht so ist. Trotzdem nimmt sie immer noch einen Großteil seiner Aufmerksamkeit in Anspruch. In allem, was er sagt, tut oder empfindet, ist *sie* die unsichtbare Referenz. In lichten Momenten findet er das selbst paradox, doch so wie einem Beinamputierten nicht auszureden ist, dass ausgerechnet seine fehlende Extremität ihm körperliche Schmerzen verursacht, kann er sich einfach ihrem Einfluss nicht entziehen. »Man kann auch seine Probleme lieben!«, hat mein Großvater immer behauptet, und ich weiß heute, was der Mann meinte. Schließlich war Johanna *das Problem* in Lennarts Leben. Selten, dass die beiden in ihrer mehr als dreijährigen Beziehung so etwas wie harmonisches Miteinander vermittelten. Man muss sich Johanna und Lennart vorstellen wie Israel und Palästina auf 50 Quadratmetern, nur ohne Selbstmordattentate.

Trotzdem kann Lennart es einfach nicht lassen, in regelmäßigen Abständen bei ihr anzurufen. Nur mal so. Ist ja nichts dabei. »Warum zum Teufel musste das jetzt wieder sein?«, fragte ich ihn erst am letzten Wochenende wieder, nachdem Lennart auf der Toilette einer Großraumdisco nichts Besseres zu tun hatte, als kurz bei ihr durchzuklingeln.

»Ach, das hatte nur praktische Gründe. Mir ist eingefallen, dass sie mir noch sieben Euro von der letzten Getränkelieferung schuldet«, versicherte er mir dann allen Ernstes. »Außerdem wollte ich wissen, ob ich sie unter unserer Nummer aus der Telefonauskunft streichen lassen soll ...« Das entbehrte nicht einer gewissen Logik, schließlich hat man auch in Großraumdiscos gegen drei Uhr morgens bei einem Pegel von 1,5 Promille die Kontrolle über sein ziviles Leben zu bewahren ...

Glücklicherweise verschonen sich Johanna und Lennart von fast allem, was der Kinogänger aus Filmen wie *Die Bubi-Scholz-Story* oder *Der Rosenkrieg* kennt. Fies nachgetreten wird von den beiden nur selten. Das schaffen längst nicht alle Trennungsopfer, das dürfte sich herumgesprochen haben. Wer sich also gerade frisch verliebt und frohen Mutes in eine Beziehung schaukelt, sollte sich vergegenwärtigen, dass er gerade mit großer Wahrscheinlichkeit einen Menschen in sein Leben eindringen lässt, der dort in einigen Jahren eine Schneise der Verwüstung hinterlassen und sehr hässliche Dinge tun wird: die gemeinsamen Bilder anlässlich einer groß aufgezogenen Trennungsparty verbrennen zum Beispiel oder seinen Freunden alles über die sexuellen Vorlieben und Eigenheiten seines (dann) Expartners verraten. Allein aus meinem Freundeskreis könnte ich Ihnen eine aussagekräftige Liste all der Gemeinheiten liefern, die sich dort in den jeweiligen Post-Trennungsphasen geleistet wurden.

Meine persönlichen Top Five:

1. Auf einem schrammeligen Flohmarkt verkaufte meine Freundin Evi die sündhaft teure Vinyl-Plat-

tensammlung ihres Exfreundes, eines talentlosen Dichters, der durch sein Gefasel zu lokaler Berühmtheit gekommen war. Die exquisiten Scheiben – wir reden hier von seltenen *Echo & the Bunnymen*-Raubpressungen und *The-Smiths*-Importen verschleuderte sie zu Dumpingpreisen, die jedem ernsthaften Sammler Tränen in die Augen getrieben hätten. Und bei jeder kümmerlichen Mark, die Evi einnahm, strahlte sie noch ein wenig verschmitzter.

2. Bert ist Fotograf, indiskret und nachtragend. Als sich Bärbel von ihm trennte, hätte sie fast Karriere gemacht. Als Model. Dabei ist sie Grafikerin. Und war auch nicht wirklich glücklich über die Anfrage der Dumpfsexbacken von *Coupé*, die sich für die angeblich von ihr eingesandten, scharfen Fotos bedankten und anfragten, ob sie nicht für eine »So-bläst-der-Osten«-Reportage fotografiert werden wollte.

3. Ruven verließ Susann per SMS nach 13 (in Worten: dreizehn) Jahren, weil ihm in seinem Büro eine siebzehnjährige Auszubildende über den Weg lief, vermutlich am Kopierer. Susann rächte sich mit drei kurzen Briefen. In einem ließ sie den Vermieter ihrer gemeinsamen Wohnung wissen – und nur den –, dass sie zum nächsten Ersten kündigt. Im zweiten Brief unterrichtete sie Ruvens Arbeitnehmer von der fatalen Affäre ihres Exfreundes. Im dritten Brief schließlich schickte sie Ruvens neuer Freundin ein Ultraschall-Beweisfoto ihrer »Schwangerschaft«. Heute hat Ruven eine neue Wohnung

und auch wieder einen Job, nur nach einer neuen Freundin sucht er noch. Zum Glück ist er wenigstens nicht Vater geworden. Ultraschallfotos kann man neuerdings ja auch aus dem Internet ziehen.

4. Gunther hat sein Zweitauto, einen Oldtimer, immer sehr geliebt und gepflegt. Marie genoss es zwar, dreimal im Jahr auf dem Beifahrersitz eine gute Figur abzugeben und Grace-Kelly-Kopftücher aufzutragen, doch das stand in keinem besonders günstigen Verhältnis zu der vielen Zeit, die Gunther in den Karren investierte. Nachdem sich Gunther schließlich von Marie getrennt und sie durch eine Art Boxenluder light ersetzt hatte, verschaffte Marie ihrem Ärger ein adäquates Ventil: Sie besorgte sich einen Glasschneider und etwas Buttersäure. Die Blech- und Lackschäden sind inzwischen nahezu beseitigt, doch den elenden Gestank der Buttersäure hat Gunther nie wieder aus den Ledersitzen bekommen.

5. Nachdem seine Freundin Clara Stefan mit einem seiner Fußballkumpel betrogen hatte, schlief er kurze Zeit später mit ihrem kleinen Bruder. (Kein Witz! In *meinem* Bekanntenkreis!)

Ich denke, das reicht, um einen kurzen Eindruck zu vermitteln, wozu Menschen in der Lage sind, wenn sie gekränkt worden sind. Wir reden hier von *tiefen* Verletzungen …

Glücklichweise haben Johanna und Lennart diese Liste nicht bereichert. Sie haben sogar *diese Sache* gemeinsam hingebogen, ohne sich das Leben zur Hölle zu machen, diese ... tja ... Schwangerschaft. Wie gesagt, es passiert immer wieder, dass Paare, wenn sie sich getrennt haben, noch ein Mal miteinander im Bett landen. Ein nostalgischer Flashback, viel Alkohol, eine gewisse sexuelle Notsituation – da kommt einiges zusammen. Lennart murmelte etwas von »Schöner Abend zu Hause, Wein getrunken, dann ist es halt passiert, keine große Sache« und versicherte, dass es wirklich nur ein einziges Mal geschehen sei, nachdem sie sich getrennt hätten. »Der goldene Schuss!«, witzelte er, unser Vico »Lennart« Torriani ... Er hätte sich vielleicht mal etwas früher in der Love & Sex-Abteilung von Frauenmagazinen umschauen sollen. Da steht es regelmäßig, pink auf weiß: Es ist gar nicht so ungewöhnlich, dass ausgerechnet bei der letzten sexuellen Begegnung eines nahezu getrennten Paares unter dem Abstrich eine Schwangerschaft herauskommt. Soll eine Art Notfall-Unternehmung der Evolution sein, im Dienste der Arterhaltung mobilisiert der Körper noch einmal alle Kräfte ... Ich weiß nicht, ob man das wirklich verallgemeinern kann, aber in Johannas Fall schien sich das Ganze zu bewahrheiten. Doch nach zwei Alarmstufe-Rot-Essen in teuren Restaurants entschied sich das glückliche Expaar dafür, der Evolution einen Strich durch die Rechnung zu machen, und ließ sich am nächsten Tag einen Termin bei Pro Familia geben. Und soweit ich weiß, fragt Lennart Johanna auch nur noch selten, ob sie denn – so prinzipiell – lieber einen Jungen oder ein Mädchen bekommen hätte und was sie eigentlich von dem Namen »Dwarf« halten würde.

Neulich sind sich Johanna und Lennart dann zufällig über den Weg gelaufen. Auf einer Party, in der Küche. Das erste Zusammentreffen nach ihrem Auszug. Beide versicherten sich, dass es ihnen ganz toll ginge, so weit. Er schaufelte ihr etwas Nudelsalat auf den Pappteller und erkundigte sich nach ihrem Liebesleben. »Das geht dich nichts mehr an«, entgegnete sie ihm freundlich. Darüber gerieten sie ein wenig in Wallung, aber wirklich nur ein wenig, nicht der Rede wert. Lennart erzählte von einem polnischen Model, das ihm neuerdings den Hof mache und übrigens im Begriff sei, Giselle Bündchen den Rang abzulaufen. (Ich weiß von einer polnischen Thekenkraft, die er seit einigen Wochen um ihre Telefonnummer anbettelt, aber ein Model?!) Johanna erzählte im Gegenzug von einem ominösen Traumurlaub auf einer Karibikinsel, doch Lennart ließ sich auf keine Diskussionen ein, er findet Urlaube generell überflüssig und die Karibik besonders langweilig: »Du bist ja nicht mal braun geworden!« Als ihnen dann bereits eine längere Gesprächspause zu schaffen machte, hielt Lennart es für eine gute Idee, die letzte Telefonabrechnung zu erwähnen und gleich mal seine Außenstände zu kassieren. Leicht genervt überreichte sie ihm 32 Euro und ein paar Cent. »Du bleibst halt ein kleiner Korinthenkacker, gell!«, lachte sie Lennart breit an, und der lachte vorsichtshalber mit. Man konnte ja nie wissen, wie das schon wieder gemeint war. Fünf Minuten später umarmten sich beide und verabschiedeten sich wie zwei Schiffbrüchige, die gegen ihren Willen lange auf einer sehr kleinen, sehr einsamen Insel festgehalten worden waren und jetzt in ihr altes Leben zurückdürfen. Kaum war sie aus der

Tür, drehte Lennart sich zu mir um und raunte mir zu: »Die ist ja ganz schön knubbelig geworden, oder?« So gut gelaunt habe ich ihn schon lange nicht mehr erlebt.

Epilog

War das nicht gerade IHR Lied, das da im Radio lief? »Hallelujah« von Prefab Sproud? Tatsächlich. Merkwürdig, dass solche Musik überhaupt noch im Radio gespielt wurde. Musste an der Zeit liegen, knapp vor Mitternacht. Da können selbst Radio-DJs von öffentlich-rechtlichen Sendern riskieren, mal etwas aufzulegen, dass ihnen selbst gefällt, denkt Johanna. Sie legt ihr Buch weg.
»Steve Mc Queen« von Prefab Sproud hatten sie ständig gehört, damals, als sie sich kennen lernten. Das ganze Album, immer wieder. Sie liebten es beide, doch das war Lennart nicht genug. Er hatte die fixe Idee, dass sie es aus dem *gleichen* Grund lieben sollten. Irgendwann war Lennart dann auf die Idee gekommen, dass sie »Steve Mc Queen« Stück für Stück beschreiben sollten, wie bei einer Weinprobe, um sicherzugehen, dass sie nicht nur die gleiche Musik hörten, sondern dabei auch wirklich das Gleiche *fühlten*. Er rupfte zwei Seiten aus einer Kladde, reichte Johanna einen Stift, und dann hörten sie sich das Album ein weiteres Mal an. Nur mit dem Unterschied, dass Lennart nach jedem Stück auf die Pausentaste drückte und beide nun zwei Minuten

Zeit erhielten, ihre Eindrücke auf einen Zettel zu notieren. Jeder für sich, ohne miteinander zu reden. Danach lasen Sie sich ihre Texte vor und lachten darüber oder küssten sich, je nachdem. Meistens küssten sie sich. Lennart schrieb über »Faron Young«: Sturmwarnung auf irischer Halbinsel, raue Winde mit einer Idee Monsunregen und dem Summen von Radiatoren. Johanna fiel zu »Bonny« ein: »Morgengebet mit Kirschtörtchen, Sonnensterngewitter und eine bläuliche Umarmung im Regencape.«

Sie weiß noch, dass sie sich zuerst nicht wohl fühlte bei dem Gedanken, dieses warme, zärtliche Gefühl, dass sie für »Steve Mc Queen« hegte, in Worte und Kategorien zu fassen wie eine Buchhalterin, doch nach ein paar Stücken fand sie Gefallen an ihrem Spiel. Sie fühlte sich damals bestätigt in ihrem Eindruck, eine ganz besondere Beziehung zu einem ganz besonderen Menschen zu führen. Auf solche Ideen kam nur Lennart. Und wer hörte schon Prefab Sproud – außer ihnen?

War das wirklich schon vier Jahre her? Lennart. An ihn hatte sie schon ein paar Wochen nicht mehr gedacht. Sie sollte ihn mal wieder anrufen. Sogar sein Name klingt nun anders als der dazugehörige Sound ihrer Erinnerung. Unverbrauchter, frischer. Wie ein ehemals lieb gewonnenes, aber nun längst vergessenes Bild, das man nach ein paar Jahren plötzlich aus einer verstaubten Kiste zieht. Es sieht nicht so aus, wie man es in Erinnerung hatte, und es ruft auch andere Gefühle hervor als damals. Man sieht schon noch, warum man es schließlich doch abgehängt und in die Kiste gelegt hatte, doch trotzdem ist man einen wehmütigen Moment versucht, wieder einen neuen Platz dafür zu finden.

Nein, Sie vermisst Lennart nicht, aber sie ist auch nicht mehr wütend auf ihn oder traurig. Ein wenig melancholisch vielleicht, aber das beunruhigt sie nicht. »Hallelujah« wurde ihr Stück, weil beide in ihrer Beschreibung das Wort »Karamellbonbon« verwendeten, was sie als schicksalhaften Wink auffassen wollten: »Hallelujah!«

Sie hörten in den nächsten Jahren immer weniger »Steve Mc Queen« und obwohl »Hallelujah« *ihr* Stück blieb und auch der Begriff als Kenncode ihrer Liebe wie ein Gruß oder ein besonders grandioses Attribut immer wieder zu Ehren kam, mussten sie sich eingestehen, dass es andere, schönere Stücke auf dem Album gab: »Moving the River« zum Beispiel oder »When the Angels«. Aber darüber sprachen sie nicht gern und auch nicht darüber, dass Prefab Sproud doch irgendwann ganz schön erfolgreich wurden und es so besonders nicht mehr war, ihre Alben zu hören.

Sie hatten bei »Andromeda Heights« noch einmal versucht, den Zauber wiederzubeleben, doch nicht nur Prefab Sproud waren älter und, wie sie fanden, irgendwie beliebiger geworden. Auch Lennart und Johanna hatten sich aneinander abgerieben und waren ganz langsam auseinander gedriftet wie zwei Bojen, die durch eine Laune der Natur im Wasser aneinander gestoßen waren und sich nun aufmerksam dabei beobachteten, wie sie wieder voneinander wegglitten. »Andromeda Heights« bedeutete ihnen nicht mehr viel, obwohl sie es als Hintergrundmusik auf ihrem Anrufbeantworter laufen ließen und gemeinsam fast 1000 Kilometer zurücklegten, um Prefab Sproud einmal live bei einem Open-Air-Festival in Dänemark zu sehen. Es hatte nicht mal geregnet an diesem Tag, doch das Konzert hatten sie trotzdem beide verpasst. Johanna erinnert sich noch an einen schlimmen, wortlosen Streit, doch sie weiß schon längst nicht mehr, worum es eigentlich ging.

Wenn sie heute eine Liste anfertigen würde mit all den Dingen, die sie an Lennart mag, käme einiges zusammen. Doch die Liste, weshalb sie auf gar keinen Fall auch nur noch einen Tag mit ihm verbringen wollte, ist mindestens genauso lang, das weiß sie. Es reicht gerade noch, um ihn alle drei, vier Monate anzurufen. Sie wissen beide nicht genau, warum sie diese rituellen Telefonate fortführen. »Wir wollen uns wahrscheinlich vergewissern, dass wir eine eigene Geschichte haben!«, vermutete Lennart, als Johanna ihn darauf ansprach, doch das überzeugte sie nicht: »Wir haben doch Fotoalben.«

Vielleicht gestehst du es dir nicht ein, und er war doch der Mann deines Lebens?«, überlegte Petra vor kurzem, doch wirklich ernst meinte sie das nicht. Sie mussten beide lachen. »Erst war er das Beste, was mir in meinem Leben passiert ist, und dann verwandelte er sich in etwas, das ich in meinem Leben schon ein paar Mal hatte, und schließlich zu jemandem, den ich so oder ähnlich immer wieder haben kann. Und jetzt bin ich froh, dass ich ihn los bin! Hallelujah!«

Danksagung

Bedanken muss und möchte ich mich bei meinen Freunden, zuallererst natürlich bei der Taskforce »Münchhausen«, bestehend aus Frank, Claudia, Agnes, Roland, dem Mönchen, dem Supp und Anna R. Weiterhin natürlich bei Christoph, Christopher, Michel, Sven und Claude für freimütig ausgeplauderte Weisheiten aus ihrem beachtlichen Liebeskosmos. Martina danke ich dafür, dass ich mir für das Kapitel »Der Morgen danach« ein paar Zeilen ihrer *Allegra*-Kolumne ausborgen durfte. Andreas für seine Geduld, Miri für Zuspruch und TATE-Beratung, Anne G. und Billie für ihre stets konstruktive Coverfoto-Recherche, Nicola K. für mitternächtliche Anregungen auf 160 Anschlägen. Und, nicht zuletzt: Astrid für ihre wohlwollende Nachsicht … Auch meinen Eltern danke ich für ihren kritischen Zuspruch und ihre amüsierte Geduld. Schließlich ein tiefer Diener auch vor meiner stoischen Lektorin Nicola Bartels, die sich den Launen und Schrullen des Autors stets gewachsen zeigte. Dankeschön.

Männer und Frauen zwischen Frühstückspause und Feierabend. Der etwas andere Jobknigge

Harald Braun
MAHLZEIT!
256 Seiten
ISBN-10: 3-431-03681-3
ISBN-13: 978-3-431-03681-7

Morgens, halb neun in Deutschland … Die weibliche Hälfte der arbeitenden Bevölkerung ist spät dran. Denn egal, wann *sie* an ihrem Arbeitsplatz erwartet wird: An den Eingangstüren und Fahrstühlen des Landes kommt es zu kleinen Staus, weil *sie* wieder nicht rechtzeitig das Haus verlassen hat. Während Frauen immer zu spät kommen, kommen Männer gar nicht – sie sind schon da. Und sei es, um Dutzende von E-Mails abzusondern, die bereits am Vortag vorbereitet wurden.

Arbeitsalltag in Deutschland: Ob Büros, Betriebsfeste, Bewerbungsgespräche, ob Kantine, Konferenzen oder Kollegen – lesen Sie die schönsten Irrungen und Wirrungen exklusiv in *Mahlzeit!*

Ehrenwirth

Gibt es überhaupt noch Geheimnisse über Frauen? Aber Ja!

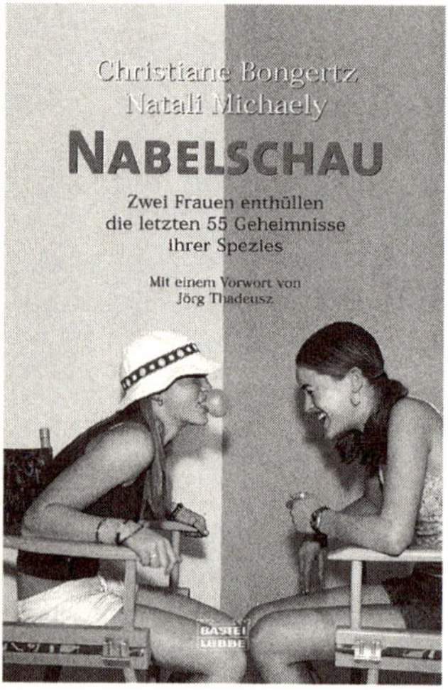

Christiane Bongertz/
Natali Michaely
NABELSCHAU
Zwei Frauen enthüllen
die letzten 55 Geheimnisse
ihrer Spezies
Sachbuch
Mit einem Vorwort von
Jörg Thadeusz
256 Seiten
ISBN-10: 3-404-60563-2
ISBN-13: 978-3-404-60563-7

Oder wissen Sie, warum Frauen mit ihrem Partner nicht mal eine Stunde Squash spielen können, ohne die Beziehung zu riskieren? Oder warum Frauen ihr Auto erst in die Waschanlage fahren, wenn sie alternativ ein Guckloch in die Frontscheibe meißeln müssten? Und immer wieder die Frage: Was genau meinen Frauen, wenn Sie sagen: »Liebling, wir müssen reden ...«?

Die Autorinnen decken die letzten Geheimnisse ihrer Geschlechtsgenossinnen auf und enthüllen, was Frauen (und Männer) schon immer über Frauen wissen wollten: Frauen und ihre Freizeit. Frauen und Schuhe. Frauen und Sex. Frauen und kein Sex. Und natürlich: Frauen und Männer ...

Bastei Lübbe Taschenbuch